Yh 3529

Haguenau
1863

Schmelz Joseph (de Lauterbourg), Trad.

Choix de fables allemndes

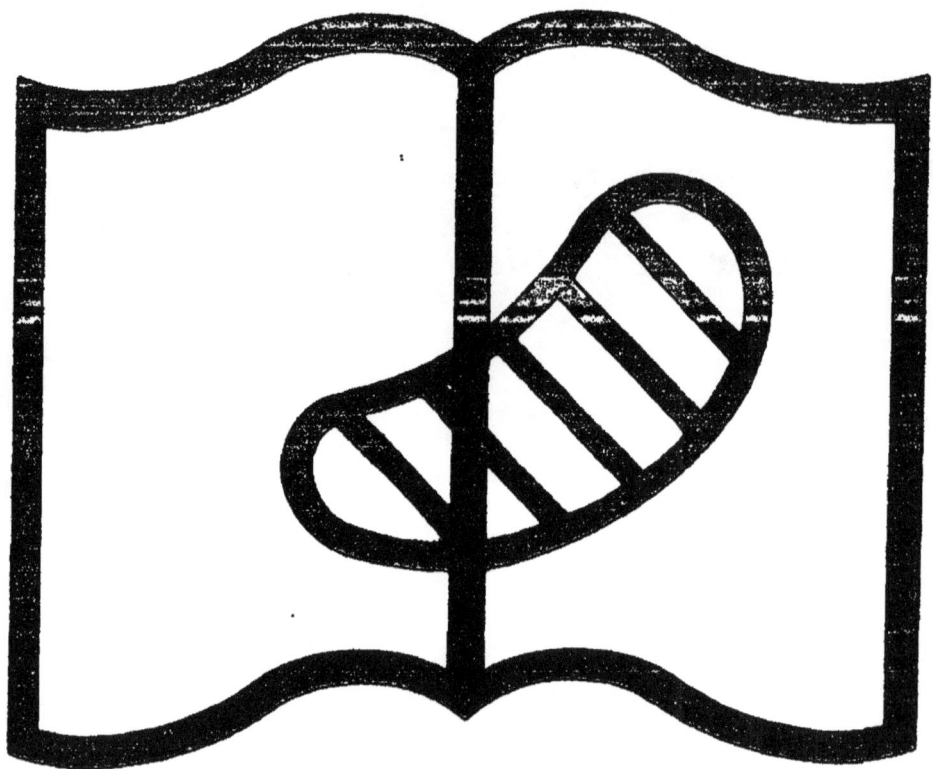

Symbole applicable
pour tout, ou partie
des documents microfilmés

Original illisible

NF Z 43-120-10

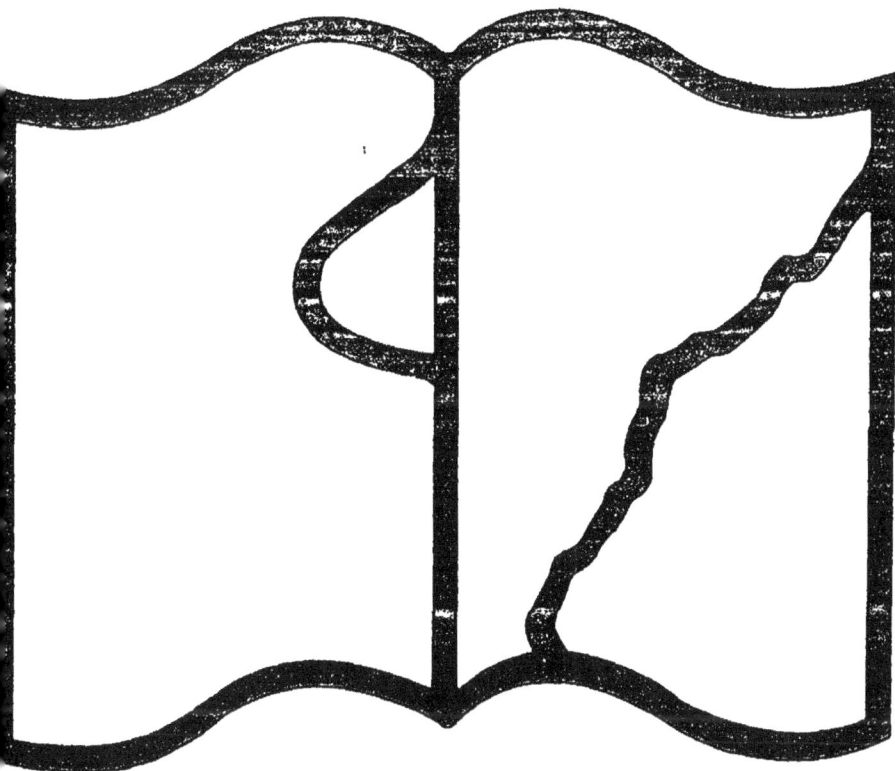

Symbole applicable
pour tout, ou partie
des documents microfilmés

Texte détérioré — reliure défectueuse

NF Z 43-120-11

CHOIX

DE

FABLES ALLEMANDES

TRADUITES EN VERS FRANÇAIS

PAR

JOSEPH SCHMELTZ

DE LAUTERBOURG

HAGUENAU

IMPRIMERIE ET LITHOGRAPHIE DE VAL. EDLER.

1863

Le dépôt d'un exemplaire à décharge peut garantir la propriété de l'éducateur

CHOIX

DE

FABLES ALLEMANDES

TRADUITES EN VERS FRANÇAIS

PAR

JOSEPH SCHMELTZ

DE LAUTERBOURG.

HAGUENAU

IMPRIMERIE ET LITHOGRAPHIE DE VAL. EDLER

—

1863

MONSIEUR A. DE LAMARTINE,

Il y a quelque temps j'eus l'honneur de vous adresser quelques vers ; je ne m'attendais pas à une réponse. Votre charmante lettre dans laquelle vous me traitez d'ami me surprit. — L'ami de M. de Lamartine ! L'ami de l'homme, le plus honorable de l'Europe, comme le disait la *Gazette universelle !*... J'étais ému, j'étais stupéfait.

Plus tard j'eus encore l'honneur de vous adresser la traduction d'une fable de Gellert ; votre charmante réponse, de l'émotion qu'elle vous avait causée, me fit entreprendre depuis la traduction d'un choix de fables de Pfeffel, de Gellert et de Schiller ; veuillez en accepter la dédicace et me croire votre très-dévoué,

J. SCHMELTZ.

Lauterbourg, septembre 1862.

FABLES DE G.-C. PFEFFEL.

Le Caméléon.

Deux voyageurs de connaissance, -
L'un Bourguignon, l'autre Flamand ;
S'en allèrent pour voir Bizance ,
Près de Palmyre en Orient.
Fatigués de leur long voyage,
A l'ombre frais d'un cèdre assis,
Ils racontaient ce qu'au rivage,
On aperçoit du Tanaïs.
De tout causa le fils de France,
Tel que le fait un vrai Gascon ;
Parlant aussi de la nuance,
Dont brille le Caméléon.
« C'est un mélange tout comique,
La tête est celle d'un poisson ;
Sa mine est très-mélancolique,
Son corps imite l'édredon.
Il nage moins qu'il ne se traîne,
Du reste d'un bon naturel ;
Sa marche éprouve de la gêne,
Sa robe est d'un beau bleu de ciel. » —
« Oh ! ton tableau n'est point fidèle, »
Dit Jahn, « j'ai vu dans les déserts,
Un mâle près de sa femelle,
Mais tous les deux ils étaient verts, » —

« Pardon, crois-moi, je te l'assure,
Aussi beau que le firmament,
Était l'habit dont la dorure,
Le disputait au diamant. » —
« Goddam ! et moi quand je voyage,
N'ai-je point les yeux avec moi ?
Il était vert ! » — « bleu !... moi je gage. » —
« Tu mens ! » « Mais tu rêves ma foi. »
On s'injurie, on se dispute,
Chacun voulait avoir raison ;
Un curé, témoin de la lutte,
Dit, « c'est pour un Caméléon ? » —
« Oui, monsieur, pouvez-vous nous dire,
Sa couleur, peut-on le savoir ? » —
« Certainement, ce qu'on admire,
C'est qu'il est d'un luisant très-noir.
Il est noir, très-noir, je le jure,
Je me servais de mon lorgnon,
Quand hier soir je fis capture,
De ce petit Caméléon ;
Dans mon mouchoir est le reptile,
J'espère qu'il est de pur sang ; » —
« Montrez cet animal mobile. »
On l'examine : il était blanc.

L'ourse.

Aux Appénins la digne Épouse,
D'un Ours très-noble au Parlement,
Accoucha sur une pelouse,
D'un fils, qu'elle trouvait charmant.
Selon les chasseurs à la ronde,
Pour avoir un Ours très-joli,

Il faut, sitôt qu'il vient au monde,
Le lécher, le rendre poli.
La maman connaissait la chose,
Aussi bien que ces messieurs-là,
Pour lécher elle se dispose,
Et par Martin elle jura,
Que de son fils elle allait faire,
Un joli petit Adonis,
Qui saura ce qu'il faut pour plaire ;
La douceur sous un beau vernis.
Avec sa langue, objet si rude,
Elle rabote, elle polit,
Sans sortir de sa quiétude,
Pour le bonheur de son petit ;
Qui hurle et crie, et se lamente,
De ce terrible traitement ;
Elle achève l'œuvre sanglante,
En faisant mourir son enfant.

Le Castor.

Le Lion rappelle au Castor,
De payer l'impôt au Trésor.
« Non, » dit-il, « en quittant la plaine,
Je ne suis point de ton domaine,
Et je te le prouve à l'instant. »
Il se jette dans l'Océan,

La Baleine dit au Castor,
De payer l'impôt au Trésor ;
« Non, » dit-il, « le Lion, mon maître,
Peut seul disposer de mon être. »
Il dit, et prenant un élan,
Il saute hors de l'Océan.

Le Crocodile dit : « Castor,
Viens payer l'impôt au Trésor,
Qu'il perçoit sur l'onde et la terre ; »
Le Castor dit : « Oh ! non, j'espère !... »
Mais pendant qu'il fait son bilan,
Il est croqué par le tyran.

Le Faisan.

Un jour, une grande famine,
Désolait le règne animal ;
Des oiseaux, la prompte ruine,
Du fléau donnait le signal.

Un Faisan lourdement se traîne,
Dans le bocage en gémissant ;
Je le vois bien : « tu es en peine, »
Lui dit un Pic en soupirant.

« Pourtant, si j'étais à ta place,
Pour contenter mon appétit,
Et chasser la faim qui menace,
J'irais vendre mon bel habit. »

Le Faisan troque sa parure
Au Mulot, pour un sceau de blé,
Et dit : « grâce à cette mouture,
Mon estomac est rassuré. »

Il se nourrit si bien qu'un prince,
Mais tout d'un coup paraît l'hiver ;
Il est saisi, le froid le pince,
Car son cuir est nu comme un ver.

Au Pic il dit : « vois, examine,
Ton conseil a mal réussi ;
Si l'on peut mourir de famine,
Qui gêle de froid meurt aussi. »

Le Chien et le Mouton.

Jadis un méchant Loup tomba par le courage,
D'un bon Chien de berger qui mit fin à sa rage ;
A peine le larron sur la terre étendu,
Que l'on vit s'approcher des moutons la tribu ;
Les Brebis se vautrer d'un plaisir ineffable,
Sur le corps tout sanglant étendu sur le sable,
Et pendant que les Boucs jouaient la comédie,
Le Chien tranquillement dédaigner leur folie.
Quand un Mouton lui dit : « mais viens donc, soit notre
Toi qui nous délivra de ce fameux despote,   [hôte,
Tu devrais partager aussi notre transport. » —
Fi donc, lui dit le Chien, « tu vois bien qu'il est mort. »

Le Papillon et la Mouche à miel.

La Mouche à miel fit voir un jour,
Au Papillon son abondance. —
« Bon, » mais viens donc voir à ton tour,
Si mon bien, le tien ne balance. » —
« Oui ! tu vois : pleine est ma maison,
De ton bien faisons l'inventaire, »
« Je n'ai rien ! voilà ma raison,
Je peux me moquer du corsaire. »

L'Écrevisse.

Une fée aux bords de l'eau,
Habitait un petit château ;
Parmi les mets de son office,
L'on avait mis une Écrevisse,
Qui dans son habit incarnat,
Offrait un morceau délicat,
Aux invités de la sorcière,
Qui faisait l'aimable commère,
Pour égayer la société
Rendit la vie au crustacé.
Celui-ci saute en la rivière ;
Il est reçu par un confrère,
Auquel il dit qu'il est content,
Du retour dans son élément.
« Oui, » dit l'ami, « mais la nature,
Nous a donné l'habit de bure ;
Et toi, » dit-il à son rival :
« Ton habit est d'un cardinal. »
« Mais pour l'obtenir c'est facile. »
Répond l'échappé fort tranquille,
« Si c'est ton unique désir,
Vivant tu te feras bouillir. »

Ton œil jaloux voit la parure,
Ornant le front de ton voisin ;
Tu n'en voudrais pas, je t'assure,
Au prix qu'on paya le faquin.

Le Hanneton.

Un berger, le petit Bathil,
D'un Hanneton fit la capture ;
Vite au pied il attache un fil,
Et dit, « petite créature,
Va, prends ton vol, le fil est long,
Il te conduit jusqu'au plafond. »

« Non, » dit-il : « à quoi penses-tu ?
Il vaut mieux rester dans la peine,
Que de se sentir retenu ;
Être libre et porter la chaîne,
Voler, quand un tyran vous lie,
C'est le martyre du Génie . »

Le Roquet et le Matou.

Un Roquet fut blessé qui défendait son maître,
Expirant sous le coup de la balle d'un traître ;
Ignorant maintenant comment gagner son pain,
Vers la ville en clopant il suivit son chemin ;
Lorsqu'un Matou boîteux qui pour vol et rapine,
Eut le fémur cassé par un chef de cuisine ;
En s'approchant de lui, lui conta ses malheurs,
(Bientôt les affligés confondent leurs douleurs).
Le Matou dit : « ami ! faisons le colportage,
Parcourons le pays, de village en village ; »
« Non, non, dit le Roquet, quoique tous deux perclus,
Ma probité me dit : ne soyez confondus. »

L'Aigle et le Milan.

À l'Aigle on adressa la plainte,
Que le Milan était voleur,
Il fut cité par la contrainte,
Et répondit à son seigneur :
« Oui, Majesté, je le confesse,
Que j'aime beaucoup le gibier,
Cela déplaît à votre Altesse ? » —
« Quel malhonnête braconnier ! »
Cria des oiseaux le monarque ;
Furieux devient le Milan,
Qui dit, « mais pourtant je remarque,
Dans ton nid ; le corps d'un Faisan ;
A bas ! ton style de cuisine,
Toi, tu vis aussi de rapine. » —
« Ah ! fier coquin, ce que tu vois ;
Ce sont les impôts dus aux rois,
Ces revenus sont mon salaire,
Rebelle, ingrat ; tu vas te taire. »
Il donna l'ordre à son licteur,
De décapiter le voleur.

Le Cheval et le Mulet.

« Tu tiens ton nom, » dit un Mulet,
Au Cheval brun de bonne race :
« Des restes d'un méchant bidet,
Plein de sueur, rempli de crasse ;
Ta mère, à côté d'un taureau,
Souvent allait tourner la terre,

Même attelée au tombereau,
Je l'ai vue traîner sa misère.
Mon père était d'un autre aloi,
Il sut se faire aimer du roi ;
Il portait le beau nom d'Achille,
Il valait en francs bien dix mille ;
Et quand César était vainqueur.
Il brillait devant son carosse... » —
« Mais, ta mère, indigne éplucheur,
Était Annesse, » dit la rosse.

La Tourterelle et le Perroquet.

Les clameurs d'une Tourterelle,
Pleurant la mort de son mari ;
Qu'un chasseur à l'âme cruelle,
A ses amours avait ravi ;
Attiraient du fonds d'une salle,
D'un vieux castel un Perroquet,
Qui d'une voix protectorale,
Lui fit entendre son caquet :
« Enfant cesse et ne te chagrine, »
Dit-il, d'un air très-gracieux ;
« Viens ! quand tu seras ma voisine,
Tu verras, nous serons joyeux.
Chez le comte, oui, je le confesse,
Je suis le fifi pour longtemps ;
Il me préfère à la comtesse,
Il me préfère à ses enfants.
Une soubrette, jeune et sage,
Me sert comme si j'étais roi ;
Un trône figure ma cage,
Viens le partager avec moi.

Pour si peu l'on ne se tourmente,
Quitte ce pays de hibous ;
Que tu me parais innocente,
Peut-on pleurer pour un époux. »
« Oh ! non, » répond la Tourterelle,
« Ton sort ne me fait point envie ;
Le mien est de rester fidèle,
Et de pleurer toute ma vie. »

Le Paon.

Jupiter reçut la requête,
Par le favori de Juno ;
Qui désirait monter au faîte,
Pour commander en hobereau.
« Un Paon ! regarde donc ma robe
Qui fait pâlir l'aigle ma foi ;
Et le plus bel oiseau du globe,
En devrait être aussi le roi.
Remarque bien que la nature,
En me dotant d'un bel habit,
Joignit encore à ma parure,
La couronne qui te sourit. » —
« Bien, » dit Jupiter, qui plaisante,
En élevant parfois les fous ;
« Sois roi. » Il dit et déjà chante,
Le nouveau sultan qui, jaloux,
Pour prendre de l'aigle la place,
Vers son trône prend le chemin ;
De la forêt parcourt l'espace,
Et se déclare souverain.
A l'instant il fait la conquête,
Du bouvreuil et de l'étourneau ;

Mais lorsqu'il secoua la tête,
Pour chanter son état nouveau,
Le Vautour l'arrache du trône,
Et le jette dans un marais,
Où les canards lui font l'aumône,
De le traiter comme un niais.
« Respect coquins ! et que l'on tremble. »
Dit le sultan de comédie ;
« Je suis... » « un fou, cela nous semble, » —
« Roi Paon par Dieu, qu'on ne l'oublie. » —
« Et qui te nomma pour ce poste ? » —
« L'Olympe, » — « Oh ! l'indigne menteur ! »
Hurla la foule qui riposte,
Encore avec plus de fureur :
Le temps est bien passé de mode,
Où Jupiter faisait les rois,
Nous avons une autre méthode.
On le tua d'un air narquois.

L'Avancement.

Le Lion, devenu malade,
Eut recours à son ambassade,
Qui supplia la faculté,
De rétablir Sa Majesté.
Des œufs par jour une trentaine,
Devaient le tirer de la peine ;
En effet, il s'en trouva mieux ;
Mais ce qui devenait fâcheux,
C'est la pénurie du remède,
En arrêtant le mal qui cède :
Le monarque fut irrité,
De l'oubli de la faculté.

Maître Renard apprend la chose,
Incontinent il se dispose ;
D'offrir des œufs au grand sultan,
De quoi remplir tout l'Océan.
Sa Majesté sourit à l'offre ;
Rusé Renard met dans son coffre,
Sa patente et ses passeports ;
Ainsi ne craignant les recors.
Il court la ville et le village,
Et s'il rencontre en son voyage,
Une poule il en fait profit,
Pour assouvir son appétit.
L'ovaire, il le porte au malade,
« Bravo ! très bien ! cher camarade, »
Dit le monarque fort content ;
« De mon Sénat sois président. »

Le Singe et le Lion.

Un Singe griffonneur d'un très-grand personnage,
De l'état de commis secoua l'esclavage ;
Arrivant à la cour, tels que les renégats,
Qui sortent du néant pour devenir goujats.
« Sire, » dit-il un jour, du ton des patriotes :
« Il manque un analyste, assembleur d'anecdotes,
Dans votre état si grand où vos nobles travaux
Font bénir votre nom et pâlir vos rivaux.
Ah ! combien de beaux traits d'esprit et d'éloquence,
De sublime grandeur, d'héroïque vaillance,
De courage éclatant à qui tout obéit,
Ces rares qualités que le temps engloutit.
Je serais très-flatté d'être à votre service,
La douceur de vos lois à qui tout rend justice,

M'inspire ce qui dit l'Alcyde Lybien,
Et la simple brebis : voilà le Dieu du bien. »
(Le biographe ici fait une révérence.)
« Eh oui ! très-grand seigneur avec art, en cadence,
J'écrirai votre nom pour un monde à venir,
Qui ne pourra vous voir, mais saura vous bénir. » —
« Valet, » dit le Lion : « prends garde ou je t'assomme,
Tu viens en Orient pour bavarder en homme,
On sait qu'en Occident les rois sont des héros.
Mais, ose-ici flatter : je te casse les os. »

L'Ane.

« Permettez, » dit l'Ane au Lion,
« A votre Majesté si j'ose,
Faire une proposition,
Dont en deux mots voici la chose :
La police en chaque pays,
Entretient un homme assez sage,
Qui pendant la nuit donne avis.
De l'heure qu'il sonne au village.
Le vallon, l'air et la forêt,
De ma voix connaissent la force,
Accordez au pauvre baudet,
Cette fonction qui l'amorce,
Avec un faible émolument,
De son, de requin, ou d'avoine,
J'éloignerai tout accident,
En surveillant le patrimoine. »
Au son du cor, avec grand bruit,
On fait publier l'ordonnance ;
L'Ane est nommé garde de nuit,

Avec du blé pour redevance.
Le jour finit, il hurle, il crie,
(Le Lion à ce bruit s'amuse)
Il ne cesse sa mélodie,
Jusqu'à minuit que l'heure accuse.
Le sultan ne pouvant dormir,
Du baudet maudit la musique,
Et sans tarder le fit venir,
« Il faut, » dit-il, « que je t'explique :
Que je ne veux plus de ton chant,
Mange chez toi la redevance.
Mais quitte la place à l'instant ;
L'Ane s'en va faire bombance.
Ainsi dans l'Etat s'établit,
Un grand nombre de sinécures,
Dont les baudets font leur profit,
Aux dépens d'autres créatures.

La Brebis.

Un Boucher d'une main cruelle,
Arracha pendant le sommeil,
Un agnelet de la mamelle,
D'une Brebis dont le réveil
Fut ce cri : « Que fais-tu barbare ?
Si tu veux lui donner la mort,
De mon enfant ne me sépare,
Fais nous subir le même sort. » —
« Avant il faut que je t'engraisse, »
Dit cet homme avec ironie : —
« Toi ? » dit la mère avec tristesse,
« Tu ne le peux, je t'en défie. »

Elle évite la nourriture,
Et ne boit plus dès ce moment ;
Le boucher le voit et murmure,
« Tu veux mourir, c'est évident,
Mieux vaut avant que tu ne crèves,
Que je te tue : c'est mon profit, »
« Eh bien bourreau, si tu m'achèves
Il est donc vrai ce que j'ai dit. »
(Et soupirant d'une âme austère)
« Tu vois bien, pour faire fléchir,
Il n'est de tyran sur la terre,
Pour qui se résoud à mourir. »

Le Gamin et le Chien.

Dirigé par un Chien fidèle,
Un vieillard dont le pas chancèle,
Et dont les yeux privés de jour,
Se traînait à travers un bourg,
Un Gamin sortant de l'école,
De l'homme éclipsa la boussole,
En lui coupant la corde en deux ;
Et se moquant du malheureux,
Il dit à Philax, « la ficelle,
Ne te retient plus sentinelle,
Va-t'en, et que ce vieux coquin,
Aille trouver seul son chemin. » —
« Non, » dit le roquet plein de zèle,
En le mordant dans la semelle :
« Je reste !... méchant animal,
Tu veux un bien qui tourne au mal. »

La Morue

Une Morue à Terre-Neuve,
Se fit prendre par un pêcheur ;
« Cruel ! » lui dit la pauvre veuve,
« De me tuer as-tu le cœur ? » —
« D'abord je te coupe la tête, »
Lui dit cet homme en ricanant,
« Ensuite au gros sel l'on t'apprête,
Et tu pars pour le continent ;
Après » — « Ciel ! » dit la prisonnière ;
Sentant du couteau le frisson,
« Sans tête ? » « nouvelle manière.
De voyager, » dit le patron.

La Mascarade.

Dans le temps où le Russe encore,
Rendit au chef sprituel !
En dépit du czar, qu'il adore,
Des honneurs dus à l'Eternel,
L'on vit le nouveau patriarche,
Sur une annesse, un vrai bijou !
En roi fêté pendant sa marche,
Traverser les rues de Moscou.
Mais au grand jour la caravanne,
(Ah messieurs ! notez bien cela)
Ne put se procurer un âne,
Pour célébrer le grand gala.
Mais monseigneur ne fut en peine,
Pour parer à ce grand malheur ;
L'embaras n'est de son domaine,

Il fit venir son fournisseur ;
Commande une paire d'oreilles,
Qu'envierait maître Aliboron ;
Le sacristain de ces merveilles,
Orne un poulin à sa façon ;
Le couvre d'une toile grise,
Qui fait le tour de tout son corps,
Au point que le chef de l'église,
Pour un âne l'eut pris alors.
Déjà longtemps la pauvre bête.
Jouait ainsi la comédie ;
Lorsqu'un cheval voyant sa tête,
Lui dit : « cousin quelle folie ?
Pourquoi donc cette Mascarade ?
Ta tête ornée avec éclat ? »
« Du respect, mon cher camarade,
Ces oreilles sont au prélat. »

Le Lièvre.

Vers la fin du printemps un Lièvre très-agile,
Rencontra par hasard un Matou fort habile ;
On causa quelque temps, on parla de valeur,
Quand ici commença la dispute d'honneur.
Le Matou mit à jour des chats le grand courage :
Les Lièvres n'ont, dit-il, ce très-grand avantage.
Le Lièvre nie et dit, « vers nous qu'arrive un chien.
Et sans me déranger je suivrai mon chemin ;
Et s'il se permettait de faire la grimace,
Tu me verrais alors lui cracher à la face. »
Bon, les voilà partis, passant près d'un verger,
Ils trouvent les débris d'un vieux chien de berger ;
Le Lièvre, à demi-mort et presque hors d'haleine,

Se sauve comme il peut en arpentant la plaine ;
De terreur stupéfait, de fatigue épuisé,
En passant une haie, il y reste accroché.
A cette place enfin le Matou le retrouve,
« Très-bien, c'est donc ainsi que ta valeur se prouve, »
Dit-il ! « Ah le poltron ; oh ! le fameux lapin. » —
« C'était une charogne, et non pas un vrai chien. »

La récompense du Héros.

Un jour le Lion à la chasse,
Par hasard s'étant fourvoyé ;
Deux Tigres à la dent vorace,
Dès longtemps l'ayant épié,
Lui font la guerre à l'improviste ;
Celui-ci veut se dérober,
A leurs efforts il ne résiste,
Et bientôt il va succomber.

Quand tout d'un coup le dogue arrive,
Et sauve aux dépens de ses jours,
Le pauvre sultan en dérive,
Qui dût sa vie à ce secours.
Il regarde la pauvre bête.
Qui rendait le dernier soupir,
Et qui dédaignant la tempête,
Pour son seigneur savait mourir.

La cour paraît : qui toujours brave,
Quand le danger a disparu,
Le roi dit au renard, « Esclave ;
Vite, ôte-moi ce malotru,
Ce chien mort dont la vue m'affecte,
Mais dont on peut garder la peau ;

Emporte-le, car l'air s'infecte,
Il peut se passer de tombeau. »

« Est-ce donc là la récompense,
Des héros qui d'un cœur joyeux,
De leur roi prennent la défense ? »
Dit l'ours au loup d'un air piteux.
« Meurs pour ta femme et tes amis,
Pour ta Patrie ou ta province ;
Meurs même pour tes ennemis,
Mais ne va mourir pour un prince. »

La Conversion.

Un loup, un vrai Coriolan,
Sous le fardeau de tant de crimes,
Qu'à Mars le bourreau Tamerlan.
Ne pouvait fournir de victimes,
Fut pris par un mal d'estomac.
Son cousin et cher camarade,
Vint le trouver dans son hamac :
Le voyant battre la chamade,
Il lui dit : « Eh ! mon pauvre fils,
Ce qui te cause mal au ventre,
Peut être bien une brebis,
Ou son petit, que tu veux rendre ;
Lèves-toi ! partons pour l'affut,
Tu verras qu'un clou chasse l'autre. »—
« Tais-toi, je pense à mon salut, »
Lui répondit le faux apôtre.
« Dès aujourd'hui je fais serment,
De ne vivre que d'abstinence ;

Je veux mourir en pénitent,
Pour soulager ma conscience;
Je vois Alecto de l'enfer,
De Pluton m'apporter les chaînes,
Du forfait c'est le fruit amer,
Que nous gagnons par nos fredaines.
Si je renais à la santé,
J'abandonne une vie acerbe;
On louera ma frugalité,
Je ne mangerai que de l'herbe;
Je saurais garder les troupeaux,
Tel que le fait un chien fidèle;
Le berger peut être en repos,
Quand Martin fera sentinelle,
Oui ! j'irai répandre mon sang,
Pour toujours aider l'innocence;
Je mettrai le loup sur le flanc,
S'il commet la moindre imprudence. »
Après cette conversion,
Le cousin secouant la tête,
Se dit, il n'a plus de raison,
« Je te perds donc ma pauvre bête. »
Il part en faisant ses adieux,
Pour retourner dans son bocage,
Puis revient pour fermer les yeux,
A ce converti personnage.
Il le voit devant un agneau,
Que dévore son Éminence;
« Je vois, tu défends le troupeau,
Et prends grand soin de l'innocence. »
D'un air moqueur le vieux filou,
Lui répond, « mon cher camarade,
Je suis mouton étant malade,
Rétabli, je redeviens loup. »

La Belette et la Souris.

A la chasse un jour la Belette,
Happa grasse dame Souris ;
« Ah! laisse-moi, » dit la pauvrette,
« Ne fais pas de mal aux amis. » —
« La pitié, c'est un mot sonore,
Pour celui dont le ventre est plein ;
Pour moi que l'appétit dévore,
Tu veux donc que je sois humain ? » —
Lui répondit la bête atroce ;
« Écoute donc encore un mot ;
(Sauvons mes jours par un négoce.)
Je connais le nid d'un mulot,
Vraiment un grenier d'abondance ;
Si tu me rends la liberté,
Tu trouveras un bien immense,
A gober sans difficulté. » —
« Voyons, » — la Souris indiscrète,
Des mulots fait voir les réduits ;
Sans tarder par dame Belette,
Les magasins furent détruits.
Pour lors un dîner s'improvise,
Et lorsqu'on fut au vin clairet,
Le Tyran prend la délatrice,
Et la tirant par le toupet ;
Il dit avec un air sauvage,
« Commence ton de profondis:
Après mes repas c'est l'usage,
De dévorer une souris. »

Si l'appui par un franc corsaire,
Aux petits États est offert,

C'est un morceau que le sicaire,
Se ménage pour son dessert.

Le Chien et l'Ane.

En quitant le château d'un lion fort sauvage.
Un Roquet rencontra sur le pré d'un village,
Un Ane. « D'où viens-tu ? » — « J'abandonne la cour,
Dont l'humeur du sultan fait un triste séjour, » —
« Oh le pauvre garçon ! chez moi prends du service,
Je ne suis point cruel et te serai propice :
De toute ma maison tu seras le gardien. » —
« Non ! je ne le veux pas, » lui répondit le Chien ;
« C'est un crime déjà de servir un barbare ;
De son nom bien acquis l'honnête homme est avare,
Et celui qui se met au service d'un sot,
Par ce calcul honteux mérite le garrot. »

L'Épervier et le Pigeon.

Un Pigeon tomba par mégarde,
Sous les griffes d'un Épervier ;
« Pour te plumer, oh ! qu'il me tarde, »
Cria le méchant braconnier.
« Je le sais bien infâme engeance,
Toujours vous parlez mal de moi,
Mais les dieux vengent l'innocence, » —
« Ah ! si tu disais vrai, ma foi, »
Répliqua le Pigeon. — « Canaille !
Qu'entends-je ? tu nies les dieux ? »
Répartit le fripon ; « on raille,
J'allais te pardonner morveux ;

Maintenant meurs ! » « Meurs hypocrite, »
Crie un chasseur qui le foudroie.
Le méchant a ce qu'il mérite.
Il tombe à terre avec sa proie;
Au Pigeon l'homme dit, « excuse,
Je t'ai blessé, mais c'est le sort,
En dirigeant mon arquebuse. »
Point de réponse: il était mort.
Mais l'Épervier se sent renaître,
Et lui disant d'un ton amer :
« Je te reconnais pour mon maître,
Nous nous reverrons dans l'enfer. »

Le Renard et l'Ours.

Un Renard bien rusé fut pris dans une trappe,
Il se lamentait tant qu'un Ours fit double étappe,
Pour s'approcher du lieu d'où partait le concert;
« Que le ciel soit béni, Jupiter a souffert, »
Dit le grand scélérat, « que le hasard t'amène,
Pour me sauver la vie en déchirant ma chaîne. » —
« Mais raconte-moi donc, » lui répliqua Martin,
Comment se fit gober un si roué coquin. » —
« Par pure humanité, » lui répondit le traître,
« Hier soir, en revenant de ma course champêtre,
Je vis un traquenard renfermant un appât;
Craignant qu'un animal imprudent s'y fiât,
Je me dis, dépêchons, enlevons cette amorce;
Je la prends; pour sortir, je me fais une entorse,
D'un coup le ressort part, me voilà prisonnier,
Et si tu ne parviens à m'ouvrir ce guêpier,
Où le bien du prochain me dictant l'imprudence,
Où je m'aventurai pour sauver l'innocence;

L'on pourra voir demain à l'encan le bourreau ;
Céder au plus offrant ma fourrure et ma peau. » —
« Tu garderas ta peau, je le veux, je l'ordonne,
Je défends au bourreau de toucher ta personne,
Et tu peux t'apprêter pour mourir en repos ;
Je veux te dévorer sans laisser même un os. »

Le Chacal.

Un jour que sur les bords du Gange,
Où les Bretons furent vainqueurs,
Un Chacal prit sa part étrange,
Qu'offraient les morts à ses fureurs.

« Ah ! scélérat : dit à la bête,
Un second Trimm de l'épopée ;
« Manger les morts, c'est pour toi fête.»
Il dit, et tire son épée.

« Lequel est, » dit avec audace
Le Chacal au pieux vengeur. »
« Le plus grand fléau de ta race,
Le croquemort ou l'écorcheur? »

Le Léopard et l'Écureuil.

Un Écureuil toujours volage,
En sautillant fit un écart
Et dans son aérien voyage,
Vint tomber sur un Léopard.
En saisissant la pauvre bête,
Le géant se mit en courroux ;

Pour échapper à la tempête,
L'Écureuil se jette à genoux;
Et d'un ton que la frayeur presse,
En se voyant dans l'abandon,
S'écrie : « Ah, Dieu, de votre Altesse,
J'ose demander mon pardon. » —
« Pauvre fêtu ! » dit le despote.
« Jo veux to mettre en liberté ;
Prise la bonté de ton hôte,
Mais avant de l'avoir quitté,
Il faut bien lui rendre un service,
Et me dire bien franchement,
Pourquoi ta vie est un délice :
Toujours joyeux, toujours content.
Tandis que moi, moi qui suis prince,
J'ai du chagrin, j'ai de l'humeur ;
Tout est joyeux dans ma province,
Mais pour son chef point de bonheur. »
« Seigneur, » dit l'Écureuil, « écoute :
Ta bonté me fait un devoir,
De ne te laisser dans le doute,
Mais tantôt en me laissant choir,
Je me suis dérangé la rate,
Et j'aurais besoin du grand air,
Pour te parler du muriate,
Qui guérit d'un chagrin amer. » —
Le prince dit, « eh bien, sois libre. »
L'Écureuil sur l'arbre voisin
Saute, et sans perdre l'équilibre
Lui répond : « il existe un bien ;
Ce secret n'est pas une science, » —
« Mais quelle est donc la faculté? » —
« C'est une bonne conscience,
Qui manque à votre Majesté. »

Le Chien et le Matou.

Un homme enviant une place,
Aux environs des bords du Rhin ;
Fit présent d'un beau Chien de chasse,
A l'écuyer du Palatin.
Le Chien quitta son nouveau maître,
(Son cœur lui dictant ce devoir.)
Pour celui qui l'avait vu naître;
Mais quel ne fût son désespoir,
Lorsqu'il vit ses loyaux services,
Soldés par des coups de bâton ;
Les hommes sont pleins d'artifices,
Il vient d'en subir la leçon.
De la bagarre il se retire,
Pour la conter au vieux Matou ;
Le pélerin se mit à rire,
Et lui dit, « ne sois donc pas fou,
Ce n'est pour nous que l'on nous aime,
L'on a besoin pour le troupeau... » —
« Servir ce monde est un blasphême, »
Dit le Chien, qui se jette à l'eau.
En touchant les bords de la tombe,
Il est atteint par un pêcheur,
« Tu ne veux donc que je succombe?
Oh ! le Matou est un menteur. »
En attendant au port la barque,
Touche avec les nouveaux amis,
« Quel est ce Chien que je remarque? »
Demande son voisin Denis ;
« Voyons! dis-moi, veux-tu le vendre?
Et dans ce cas, dis m'en le prix. » —
« Pour deux écus tu peux le prendre,

Ce n'est pas trop à mon avis. » —
« Il ne me reste une demeure,
Soupire tristement le Chien,
Tout autant vaut-il que je meure :
Il va se jeter dans le Rhin. »

L'Éducation du Lion.

L'épouse du Lion finit par mettre au monde,
Un prince, quel plaisir! partout la joie abonde;
On sait bien que les rois sont gardés par leur cour,
Celui pour son appui du peuple avait l'amour.
Quand à peine son fils ouvrit à la lumière,
Son regard plein de feu qu'ombrageait sa paupière;
Dans un délai très-court il manda son sénat,
Et lui dit d'un air doux, « l'intérêt de l'État,
Veut que mon Benjamin un jour de la couronne,
Soit l'ornement parfait, et que chaque personne,
Voyant son peuple heureux, bénir sa douce loi,
Répète à chaque instant : que n'est-il notre roi.
Il faut nous enquérir de lui trouver un maître;
Le choix est difficile, il faudrait bien connaître;
Un mentor vertueux, un sujet de talent;
Voyons, Messieurs, parlez, votre roi vous attend. »
« Sire, » répond le Tigre, « un roi voulant la guerre,
Devient facilement souverain de la terre;
Toujours est obéi celui qui fait trembler,
Un prince violent est sûr de gouverner.
Adoptez mon avis, donnez la préférence,
Au guerrier généreux connu pour sa vaillance,
Et sitôt que ce fils saura vaincre en champ clos,
L'apprentissage est fait, fini sont ses travaux. » —
« Très-bien, » répliqua l'Ours, « mais, Sire, alors j'espère,

Si vous donnez le prix à l'humeur guerrière,
Que ce soit au sangfroid, au courage éprouvé,
Et si cela vous plaît, cet homme est tout trouvé. » —
« Pourtant il me paraît, et partout je remarque,
Qu'un peu de politique est pour un grand monarque, »
Répond maître Renard, « la plus grande vertu;
D'abord on la suggère à ce Prince ingénu,
Qui sera par la suite un fameux diplomate; »
Et chacun sur ce ton répétant sa cantate.
Cela ne plut au Chien qui murmurait et dit:
« Votre grandeur le sait, ayant assez d'esprit:
Qu'un grand prince connu pour son bon caractère,
Évite tant qu'il peut les malheurs de la guerre;
Le cœur de ses sujets à ses ordres soumis,
En maintenant ses droits confond ses ennemis.
Pour éduquer ce fils, sur vous qu'ils prennent exemple,
Le meilleur des mentors serait vous, il me semble;
Adoré de son peuple il fera son chemin. » —
Le sénat confondu mordit alors son frein.
« Cher ami quel bonheur d'avoir dans mon royaume,
Celui qui sans dédain du pauvre sous le chaume,
Rappelant à son Roi l'amour de ses sujets,
Qui du trône en retour reçoivent les bienfaits.
Très-loin des courtisans, de mon fils sois le maître,
En suivant tes leçons il saura tout connaître; »
Ainsi dit le Sultan;... « le sage et Benjamin,
Pour aller voyager partaient le lendemain.
Le Mentor aisément au petit fait accroire,
(La couleur de sa robe allant du jaune au noire)
Qu'il était son parent, un pauvre petit Chien,
Et quant à la fortune, il ne possédait rien,
Parcourant les pays, il dit, « vois la misère,
Du peuple malheureux qui courbé vers la terre,
Obligé de gagner la sueur sur le front;

Un pain trempé de pleurs pour le dégoût fécond.
Le faible par le fort traité comme un esclave,
Le Lièvre du Renard devenu une épave ;
L'innocente Brebis à la merci du Loup ;
Le Tigre furieux du Cerf cassant le cou.
Ils virent fatigué le Bœuf, qui sans murmure,
En cultivant les champs, reçut pour nourriture,
Un foin déjà gâté, tandis que par les grands,
Le Singe était choyé pour ses mauvais penchants.
« Mon oncle, apprenez-moi, » dit le Prince en colère,
« Le Roi ne connaît-il cette grande misère ?
Pourquoi n'arrête-t-il pas l'élan de ces forfaits ? »
« On lui cache avec soin le moindre des méfaits. »
Ainsi le Lionceau grandit dans la sagesse ;
Avec l'âge mûrit sa force et son adresse ;
Ignorant toutefois que du Lion le sang,
Faisait battre son cœur, circulait dans son flanc.
Deux ans avaient suffi pour le rendre bien sage.
En se voyant au bout de leur pélérinage,
Ils passaient en causant sur le pré d'un vallon,
Quand un Tigre affamé, soudain comme un ballon
Tomba sur le vieillard. Furieux, en colère,
Le Lionceau le voit, hérisse sa crinière,
Et brandissant la queue, éventre le brigand :
« Quel bonheur, cher mentor ; ah ! que je suis content ;
Pour préserver ta vie, il fallait un miracle ;
Mais pour être vainqueur, je ne vis nul obstacle ;
L'amitié me donna la force d'un Lion. »
« Tu l'es ; oui, mon cher fils ; j'en demande pardon,
Tu es mon Roi, mon Prince, et je t'en connais digne,
Pour payer tes vertus un trône te fait signe, »
Lui répliqua le Chien rempli d'éducation ;
« Aujourd'hui j'ai cueilli le prix de ma leçon ;
Retournons maintenant : allons trouver ton père.

3

Le Télémague épris en l'embrassant le serre
Attendri dans ses bras. Ils suivent leur chemin ;
Arrivés près du Roi, la parole est au Chien,
Qui dit : « Sire, aujourd'hui de ton bien je m'isole,
Je te rends ton enfant, mais ce qui me console,
C'est qu'en perdant ton fils qui me sauva la vie,
Un père est tout trouvé pour ma chère patrie. »

L'Éléphant.

A Siam, qui voudrait le croire,
Le peuple adore un Éléphant ;
Un bocal d'or lui sert à boire,
Un château est son logement.
Avec des parfums on l'encense,
Dans le péril plus d'un guerrier,
Au devant de la mort s'élance,
Pour lui servir de bouclier.
« Pourquoi, » demanda le colosse,
(Qui certain n'était pas un fou.)
A son gardien, un gros molosse,
« Devant-moi ploie-t-on le genou ? »
« Quoique je sois de la province, »
Répond tout confus le Payen,
« Je sais que vous êtes mon Prince,
Et que vous le savez fort bien ;
Que suivant la métempsycose.
Après la mort les grands talents,
Pour prix de leur apothéose,
Sont transformés en Éléphants. » —
« Quoi ? » répliqua la digne bête,
« Un homme ! moi ? quelle fureur ;
Mais l'on vous fait tourner la tête,

Et moi victime de l'orreur,
L'on me retient en esclavage;
Un Roi qui traîne le boulet.
Je t'en prie, ouvre-moi la cage,
Que je retourne à la forêt.
Un Éléphant : mais sois en juge,
Toujours loyal et généreux ;
Déteste autant le subterfuge,
Que l'éclat vain du fastueux ;
Ses amis, il sait les défendre,
Il est constant en ses amours,
Pour des hommes doit-on nous prendre
Nous ne ressemblons aux vautours. »

Le Philosophe et le Hibou.

Un Philosophe ayant assez mauvaise tête,
Pour oser proclamer maint discours sot et bête ;
Fut, pour se garantir d'un aussi grand péril,
Sans forme de procès envoyé dans l'exil.
Il partit sans le sou pour se mettre en voyage,
Car on ne lui laissa que l'esprit en partage,
La justice agissant avec précaution,
Détruisit ses papiers y compris sa maison.
Un jour que le proscrit épuisé de fatigue,
Aux bords de la forêt se rappelait la ligue,
Qui daigna le bannir par haine et jalousie,
Il vit nombre d'oiseaux criant avec furie ;
Poursuivant un Hibou, lui picottant la tête,
Disant de s'arrêter pour subir une enquête ;
Et pour le préparer au futur châtiment,
S'amuser d'arracher la queue au mécréant.
« Pardon ! messieurs, pardon, » cria le pauvre diable,

« Écoutez donc un peu, je ne suis point coupable,
Je veux vous dénoter avec la preuve en main,
Qu'un Hibou fut toujours un très-bon citoyen.
Pour ce qui est du droit, permettez que j'explique... »
« Que vas-tu nous conter infernal hérétique. »
Alors le sage accourt ; « car la philosophie,
Remplit un cœur bien né toujours de sympathie ;
Pour chasser les brigands aussitôt il s'empresse,
A l'oiseau de Pallas doucement il s'adresse :
« Mais pourquoi donc t'en veut la bande qui s'enfuit? » —
« Elle en veut à mes jours... je vois quand il fait nuit. »

La Panthère et le Léopard.

Toujours un scélérat objecte,
Que dans son âme il n'est fripon ;
Que son habit le rend suspecte,
Mais qu'il est loin d'être larron.
Arrive un jour que la Panthère,
Avec le cruel Léopard,
Au trône adressaient leur prière,
Et Jupiter y eut égard.
Le dernier dit: « Sire, il arrive,
Que lorsqu'un crime se commet ;
La Panthère part et s'esquive,
Et l'on m'accuse du méfait. » —
« Mêmes motifs, » dit la Panthère,
« Vous sont adressés de ma part ;
La forêt crie à la misère,
Des cruautés du Léopard. » —
« De l'un pour changer le physique. »
S'écrièrent-ils tous les deux,
Qu'une autre peau sur lui s'applique,

Serait le comble de nos vœux. » —
« Pourquoi ? » dit Jupiter, « le zèbre,
Du même poil, blanc, jaune et roux,
Dont la douceur est si célèbre,
N'a jamais était pris pour vous?
Dans ce discord je considère,
Un cas des plus astucieux;
Et l'on ne se tromperait guère,
Si l'on vous pendait tous les deux. »

L'Ours, le Marmot et le Chien.

Fuyant au loin le bruit du monde,
L'Ours, le Marmot avec le Chien;
Suivaient leur course vagabonde,
Quand un cheval sur leur chemin,
Demande à la bande nomade,
« Au loin quel fut votre métier? » —
L'Ours répondit : « A mainte aubade,
Je dansais comme un loup cervier,
A qui l'on tient la bouche close. » —
« Pour moi, j'étais plus malheureux, »
Réplique Azor, « mon lit de rose,
Fut de danser le ventre creux. » —
« Ah! tout cela est mon histoire, »
Se mit à crier le Marmot,
« Quand je voulais manger ou boire,
L'on me fit sentir le tricot. » —
« Heureux sans doute étaient vos maîtres,
Qui devaient rire volontiers? —
« Oh non ; c'étaient de tristes êtres,
Qui toujours marchaient sans souliers ;
Le dégoût creusait leur visage,

Et s'ils chantaient soir et matin,
Ce n'était point à leur usage,
Mais c'était pour gagner du pain. » —
« Bon, je vois que le sort vous venge,
Chanter, danser, c'est bien égal,
Si c'est la faim qui les démange,
Vous les valez, » dit le cheval.

La Brebis et le Chien.

La Brebis et le Chien fidèle,
Un jour se plaignaient de leur sort ;
Le Roquet dit, « on me querelle.
Et chacun sait que c'est à tort.
A l'homme ingrat je sers de guide,
La nuit je garde sa maison ;
Un chien jamais ne fut perfide,
Il déteste la trahison.
Dans le danger, je me rappelle,
Pour lui je prodiguai mon sang,
Quel est le prix pour tant de zèle ?
Des coups me tombent sur le flanc.
Je me retire dans ma cage,
Et pleure à m'affaiblir la vue ;
Alors on dit, ce Chien enrage,
Il pourrait mordre, qu'on le tue. » —
« Mon lait lui sert de nourriture,
Ce n'est pas tout, » dit la Brebis,
« Il s'empare de ma fourrure,
Et s'en fabrique des habits.
Mais ce qui suit est pire encore,
C'est qu'il écorche mes enfants ;
Et son cousin, le loup dévore

Ce qui ne tombe sous ses dents.
Ah ! notre sort est bien infime,
Mais le martyre en est plus beau ;
Bien mieux vaut-il d'être victime,
Que le complice du bourreau. »

Le Lion et la Vache.

Un Lion fut chassé du trône,
Il aimait trop la tyrannie ;
Son peuple encor lui fit l'aumône,
Pour ne s'emparer de sa vie.

Pourtant la soif un jour l'arrache
A son exil, le mont Cenis ;
Il vint supplier une Vache,
Qui ne lui refusa son pis.

En suçant avec véhémence,
Le tarquin vide le bidon ;
Mais il ne lève la séance,
Le sang lui coule du menton.

Les pleurs inondent la nourrice,
De douleur elle est en émoi ;
« Pardon, » dit-il, « ma bienfaitrice,
Je me croyais encore roi. »

L'Hermine, le Castor et le Sanglier.

Des avantures du voyage,
La belle Hermine, le Castor,
Ainsi que le Verrat sauvage ;

S'unirent pour tenter le sort,
Tous enfants de grande noblesse,
Aucun n'avait le sou vaillant;
Avec l'espoir de la richesse,
On peut se passer de l'argent.
Après un long pélérinage,
Non parcouru sans grand danger,
Se présentait un marécage,
Qui pouvait bien les empêcher,
D'aborder la terre fertile,
Qu'ils couvaient déjà de leurs yeux ;
Un Éden chanté par Virgile,
Et qui les rendait tout joyeux,
Un pays offrant le pécune,
Des latins à des Aeneas.
Devait bien tenter la fortuné,
Des pandours et des renégats.
Il faut donc risquer le passage,
A travers l'eau dont le limon,
Par l'infecte odeur qu'il dégage,
Empeste l'air de son poison.
Des vils crapauds une cohorte,
En bataillons serraient leurs rangs,
Des lézards leur servaient d'escorte,
La marche sifflaient les serpents.
L'Hermine lentement se hâte,
Et va s'approcher du marais ;
Mais voyant que son poil se gâte.
Elle arrête, et dit, « je m'en vais.
Qu'un autre dans la boue avance
Je ne veux salir mon habit ,
Et si l'aspic sur moi se lance,
Il me confisque à son profit. »—
Je vous demande une quinzaine.

Pour faire un pont, » dit le Castor,
« Qui nous conduit dans le domaine,
Où Crésus cache son trésor. » —
« Quinze jours? je ne puis attendre,
C'est trop long, » dit le Sanglier;
Dans le marais je veux descendre, »
Il se jette dans le bourbier.
Qui lui monte jusqu'à la tête,
Mais que méprise le héros,
Le danger n'est ce qui l'arrête,
Il ne craint de salir sa peau.
Avec courage il franchit l'onde,
Et crie en se voyant vainqueur ;
« C'est ainsi qu'on peut dans ce monde,
S'ouvrir la route du bonheur. »

Le Matou, le Chien et l'Écureuil.

Réunis pour la gourmandise,
Le Matou, l'Écureuil, le Chien;
Un jour formèrent l'entreprise,
Pour s'adjuger un morceau fin.
Le fils d'un seigneur du village,
Élevait un joli faisan ;
Ce qui les poussait au pillage,
C'était sa graisse d'ortolan.
Le Matou dit, « un coup de maître,
Doit nous procurer ce rôti ;
Je me mettrai sous la fenêtre,
L'Écureuil fera l'endormi.
Et toi Milord, expert en chasse,
Tu débusqueras le gibier ;
Qui viendra tomber dans ma nasse.

Sans songer à se méfier.
Nous plumerons la fine bête,
Dans le réduit du grand jardin,
Tu viendras diriger la fête,
Pour commencer notre festin. » —
Le maître vient rendre visite,
Au faisan qui prend son repas ;
Malgré le soin qui ne le quitte,
Milord se glisse sur ses pas.
Des yeux il couve la conquête,
Et tombe sur le bel oiseau,
Qui se soustrait à la tempête,
En allant briser un carreau,
Mais loin de changer ses affaires,
Pour en améliorer le sort,
Il fut happé par les corsaires,
Qui déjà comptaient sur sa mort.
On le déchire, on le dévore,
Mais la promesse est oubliée ;
Pauvre Milord, pauvre pécore,
Tu vois à travers la croisée,
Plumer sans toi la bête grasse,
Toi ! le grand héros, on t'oublie ;
Le maître étonné de l'audace,
Commence à se mettre en furie.
Et dit: « Est-ce ainsi qu'on divague,
Tu me trahis, mauvais brigand ;
Je veux t'administrer la schlague,
Pour poivrer ton dîner absent. »

Quand les fripons font alliance,
Pour se procurer du profit ;
L'on peut bien être sûr d'avance.
Que le grand vole le petit.

L'Aigle et le Paon.

L'Aigle se mirant dans la glace,
Aux oiseaux réunis il crie :
« Le Paon si beau par moi s'efface ! » —
« C'est très-vrai, » dit la Compagnie.

« Oh ! » dit le Paon, « pas ton plumage,
De ces flatteurs dicte l'avis ;
C'est à ton bec qu'on rend hommage,
Qui te fait décerner le prix. »

Le Renard et le Lièvre.

Un Lièvre sans expérience,
Mangeait d'une herbe empoisonnée ;
Grande était déjà sa souffrance,
Quand un Renard dans sa tournée,
Vint tomber sur le pauvre hère
Qui dit : « Ne vas me dévorer,
Tu vois que le poison m'altère,
Tu pourrais donc le regretter. » —
« Ce n'est pas moi que l'on abuse,
Tu me crois sot, » dit le Renard,
« Et pour faire accueil à ta ruse,
Je veux te croquer sans retard. »
Quand au même instant il arrache,
A ce soi-disant imposteur
La vie qu'un seul fil attache,
Aux pulsations de son cœur.
Sans délai le banquet s'apprête,
Mais à la fin notre tyran,

Du poison sentit la tempête,
Et hurla comme un vrai satan.
« Je vois la mort qui me talonne,
Je m'en veux, car j'étais bien bon ;
Et ce qui d'un Renard étonne :
De prendre un sot pour un fripon. »

Le Sanglier et les Marcassins.

Le Sanglier un jour aiguisant ses défenses ;
Les Marcassins surpris se trouvaient dans les transes,
Et crièrent, « Papa, quel est donc le danger,
Qui semble de sitôt nous devoir affliger ? »

Le père leur répond, « modérez vos alarmes,
C'est dans la paix qu'il faut bien préparer ses armes,
Car plus d'un imprudent regrette dans l'exil,
D'avoir été surpris au moment du péril. »

Les deux Chevaux et l'Ane.

Un Ane vit courir en ville.
A la même heure et chaque jour ;
Deux Chevaux qui d'un pas agile,
Trainaient un phaéthon de la cour.
Touché d'un charme sympathique,
Il leur dit : « Ah quelle leçon,
Jamais le cœur d'une bourrique,
Ne connut pareille union.
Couple charmant, uni, fidèle,
Vous vous aimez bien tendrement ;
Quel accord en vous se révèle,

En saurait-il être autrement. »
« C'est la chaîne de l'esclavage,
Qui nous retient ; le reste est faux,
Et sans ce maudit attelage.
Quel bonheur, » dit l'un des Chevaux.

Messieurs, je crains que cette histoire.
Pourrait vous toucher tant soit peu ;
Mais pour un cas résolutoire,
Mieux vaut n'en pas faire l'aveu.

Le Coucou et le Bouvreuil.

Un Bouvreuil en courroux à Jupiter présente.
Un cas exorbitant que l'enfer même invente ;
« Un Coucou, » cria-t-il, « a commis le délit,
De venir déposer son propre œuf dans mon nid. »
Jupiter à l'instant fait citer le coupable :
« Explique-toi, » dit-il « sur ce cas punissable,
Ce qui vient d'arriver me rend tout stupéfait. » —
« Eh bien, » dit-il, « je suis innocent du méfait.
C'est toi même, Seigneur, qui me permis la ponte,
Mais qui me défendis de couver pour mon compte ;
C'est contre tes décrets que ce sot perd son temps,
Qui veut de la nature empêcher les élans. » —
« Que tes jolis élans écrase le tonnerre,
On est maître chez soi, dit le Bouvreuil : j'espère.
Si les gens comme nous construisent des maisons,
Ce n'est pour y loger vous autres vagabonds. » —
« Très bien, » dit le sournois, « quand ainsi l'on raisonne,
C'est de Sa Majesté offenser la personne.
Et Jupiter lui-même étant écornifleur,
En vengeant ses décrets vengera mon honneur. »

Jupiter réfléchit, et dit : « Enfantillage ;
Ce que vous disputez est un ancien usage ;
Toi Coucou mets ton œuf n'importe en quel endroit,
Je le veux, je l'ordonne, et t'en donne le droit. »
Au Bouvreuil mécontent il dit : « Sot personnage,
Tu sais la vérité, d'autres croyent au lignage ;
Et plus d'un bon papa nourrissant son enfant,
Ne sait que d'un Coucou c'est un petit présent. »

La Fouine et le Matou.

Par la malice d'une Fouine,
Un poulailler fut pris d'assaut ;
La colonie récrimine,
Et se sauva par un créneau,
Mais un nid plein d'œufs dédommage,
Le grand voleur qui les vida ;
Un Matou voit qu'il déménage,
Et le rappelle et dit : « Juda,
Tu sais bien que chaque œuf renferme,
Un imperceptible embrion ;
Et que tu détruis dans son germe,
Toute une génération ! »
Au Nathan répondit la Fouine :
« Ton sermon reste sans succès ;
Des œufs si j'avais fait régime,
Plus tard tu mangeais les poulets. »

La Fourmi et le Grillon.

« Oui chante, chante et toujours chante, »
Dit la Fourmi. « Méchant Grillon ;

Tu restes donc insouciante,
Même au déclin de la moisson?
Bientôt l'hiver frappe à la porte,
Et puis ! » — « Et puis quoi? nous mourons,
Toi murmurant ta sombre exhorte,
Et moi répétant mes chansons. »

L'Ane.

Un ami de peinture,
Commanda la figure
D'un Ane. Le portrait,
Réussit à souhait.

Le peintre pour sa peine,
Obtint de son Mécène,
Généreux en ces dons,
Vingt-cinq Napoléons.

Un Ane vit la chose,
« De l'argent quelle dose, »
Dit-il, « pour la copie;
Combien vaut l'Ane en vie? »

Le Renard et l'Ours.

Un vieux Renard dans la tanière,
D'un Ours, se perdit par hasard;
Quand Martin bouchant la barrière,
Lui dit: « Que me veux-tu vandard? —
« Seigneur ! annoncer la visite, »
Répliqua-t-il, « du roi Lion;

Auprès du loup je me rends vite,
Remplir pareille mission. »
Le finaud part, et l'Ours médite,
Pour son seigneur une chanson.
D'un grand nom souvent le mérite,
Vaut beaucoup mieux que le patron.

Le Matou et le Rat.

Sur les bords de l'Indou le peuple a la croyance,
(Les brames l'implantent avec persévérance)
Que la métempsycose en finissant les maux,
Promet nouvelle vie et des plaisirs nouveaux.
Les bêtes du pays (c'est assez pardonnable)
Désirent profiter du mouvement viable,
Et partageant l'erreur de messieurs les Indous,
De l'immortalité des mortels sont jaloux.
Chassé par un Matou, un rat dans une armoire,
Se sauva le plus vite et chanta sa victoire ;
Pour briser les verroux le chat perdit son temps,
Et pour ronger le bois il ébrécha ses dents.
« Comment, petit lutin, me laisser à la porte? »
Lui cria le fripon, « agissant de la sorte,
Tu me ferais passer pour un orang-outang ;
Tout prêt à dévorer et ma chair et mon sang.
Car naguère étant rat, ton père était mon frère ;
Ton oncle est près de toi, tu le vois donc ma chère,
Il vient pour t'embrasser, te presser sur son cœur,
Et tâcher, s'il se peut, augmenter ton bonheur. » —
« Rencontrer un parent ne saurait que me plaire, »
Répliqua le rongeur à l'effronté corsaire ;
« Pour les embrassements et nous serrer la main,
Remettons ce plaisir à plus tard cher cousin ;

Pour le moment heureux où notre âme céleste,
Voudra enfin quitter des Rats la peau modeste ;
Et du peuple rongeur abandonner le trou,
Pour entrer rayonnant dans le corps d'un Matou. »

L'Aigle et l'Aspic.

Tout altéré de sang, l'Aigle de son domaine,
Tomba sur un Aspic qui dormait dans la plaine :
Il l'enleva dans l'air. La vipère en fureur
Incontinent le pique au beau milieu du cœur.

Tué par le poison le brigand tombe à terre,
Et met en relief du temps le Fabliau ;
Le voleur d'ici bas trouve dans l'atmosphère,
Le voleur de l'olympe ici bas son tombeau.

L'Agneau, le Loup et l'Ours.

Un Agneau broutait dans la plaine,
Quand un Loup survint en ces lieux !
L'Agneau se trouvant dans la peine,
Recommanda son âme à Dieu.

A le happer le Loup s'apprête,
Quand l'appétit amène un Ours ;
Qui sans tarder sur lui se jette,
Et la bataille prends son cours.

La lutte alors devient très-vive ;
« Un ennemi, c'est dangereux,
Souvent mieux vaut en avoir deux, »
Dit l'Agneau ravi qui s'esquive.

4

Le Renard et l'Ane.

Un Renard ayant mis les os d'un coq en pièces,
Contempla tristement l'objet de ses prouesses;
Un Ane le remarque et lui dit : « Mon gaillard,
Tu regrettes le mal, mais c'est un peu trop tard. »
« Tu dis vrai, mon ami, j'ai regret quand j'y pense; »
Répliqua le brigand, « un cas de conscience,
Est de n'avoir laissé ce coquin en repos,
Qui n'offre pour croquer que la peau et les os. »

L'Ami dans le besoin.

Arétin perdit sa fortune,
Au point qu'il ne lui restait rien ;
Ses amis s'en vont à la brune ;
Un peu plus tard partit son Chien.

Seul un Matou reste fidèle,
Il dit : « Je suis ami de cœur ; »
Et va par sa plainte cruelle,
Encore augmenter sa douleur.

« Mais, mon ami, toi si modeste,
Sache donc que je n'ai plus rien ;
De mon avoir il ne me reste,
Que ce petit morceau de pain.

Viens le manger avec ton maître,
Tu vois qu'il est trempé de pleurs. »—
« Je le sentais, » répond le traître,
« Merci du peu, je vais ailleurs. »

Le Joueur et le Mendiant.

Un Joueur perdit cent écus,
Il ne lui restait une obole,
Il joue encor sur sa parole.
Perdant son bien par cet abus.
Tout aussi gai que le pinson,
Il tire alors pour se distraire,
Son dernier bien, sa tabatière,
Sifflant en l'air une chanson.

« S'il vous plaît une charité ! »
Crie un vieillard. « Tu veux la dîme ? »
Dit le Joueur, « pas un centime,
Mais du tabac à satiété.
Souvent j'entends votre patois, »
—« Allez ! et que Dieu vous bénisse—
Il n'est donc besoin que je prise, »
Dit le vieillard d'un air narquois.

Le Charbonnier.

Au temps d'une grande famine,
Un Charbonnier à table assis ;
A son repas fit bonne mine,
Composé d'un plat de souris.
Son prince venant de la chasse,
Entra dans la hutte à charbon,
Auprès de l'hôte il prend sa place,
Sans faire beaucoup de façon.
« Qu'avez-vous donc dans cette assiette ? »
« Des souris, » dit le Charbonnier,

« Mais n'allez faire la boulette,
A causer de notre gibier
Au prince, connu si rapace,
Qu'il tuerait tout à son profit ;
Et moi privé de cette chasse,
Je succombrais dans mon réduit. »

Caton.

Tel qu'un dieu de l'enfer près des bords du Cocyte,
L'ombre du grand Caton dans une grotte habite ;
Son vêtement durci par le sang du héros,
Couvre la main glacée qui dictait les travaux
Du peuple souverain ; couché sur son armure,
En touchant de son doigt la terrible blessure,
Par laquelle arrivant à l'immortalité,
Son esprit enchanteur trouva la liberté.
Un nain paraît alors, grimpant le rempart sombre,
Se pressant hardiment à côté de son ombre ;
« Salut frère Caton, » dit-il avec hauteur,
« Ainsi que toi je fus un homme de valeur. »
« Un quoi ? » dit le romain ; « mais n'allons pas si vite,
D'où vient la parenté que ta bouche débite ? » —
« Comment tu ne connais le neveu du Teutois,
Ce roi si renommé par son bruit d'autrefois !
Ah ! mon cœur de lion et qu'un volcan enflamme,
Brûlait, peut-être à tort, pour la plus belle femme ;
Sans répandre une larme elle apprit ma douleur,
Elvire sans pitié m'éloigna de son cœur.
Pour n'être point bourreau du repos de la belle,
J'ai su me résigner en me séparant d'elle ;
Je la quitte à l'instant, je m'enferme chez moi,
Dégoûté de la vie je mourrai tel que toi. »

« C'est trop fort pour le styx, c'est trop pour le tartare ;
Pour des sujets pareils l'enfer n'est point avare ! »
Dit Caton indigné, « César, entends ma voix !
Arrive pour me vaincre une seconde fois ;
Fais exposer ma tête en regard du prétoire,
Fais haïr, si tu peux, de mon nom la mémoire ;
Mais qu'un pendard ne vienne avec l'air d'un Platon,
Se vanter d'être mort de même que Caton.

Les Consolations.

« Tu l'aurais dissipé l'argent que je t'enlève, »
Dit le voleur adroit à ce bon paysan.
« Au lieu de liberté, c'est l'appui de mon glaive.
Qui rend le peuple heureux, prétexte le tyran.

L'Avare dans l'enfer.

Harpagon traverse à la nage
L'Achéron. Il est accusé,
De n'avoir payé le passage,
Minas qui s'en trouve irrité
Dit : « Que l'on donne à cet avare,
Des euménides le fouet. » —
« Ton jugement pour cet ignare,
Prononce un bien trop doux arrêt
Lui dit Rhadamante, « qu'il aille :
Retourner voir ses pièces d'or,
Son héritier qui fait ripaille,
Et vilipende son trésor. »

Le Sanglier et les Oiseaux.

Un lord allemand riche et bête,
(Souvent se présente le cas)
Croyait qu'on a l'esprit en tête,
Quand en poche on a des ducats,
Se constituait en Mécène,
Et l'on vit arriver céans,
Rendre visite à son domaine,
Des hommes remplis de talents.
Avec grand bruit s'ouvre la porte,
On les fait entrer au château ;
Des parasites la cohorte,
Complimente le hobereau.
Un jour que la bande joyeuse,
Après un copieux repas,
Allait tant soit peu tortueuse,
Cuver son vin sous les lilas,
Un Sanglier de bonne allure,
Creusait aux bords de la forêt
Son lit ; et grâce à son armure,
A ses coups rien ne résistait.
Pendant qu'il poursuit son ouvrage,
Les Oiseaux ne le quittent pas,
Ils font chorus de leur ramage,
Et souvent lui crient houras.
Il continue fouillant la terre,
Et parfois grogne les refrains,
Des couplets que dans l'atmosphère,
Sifflent ces gais musiciens.
« Vraiment je ne puis rien comprendre,
A ces Oiseaux, » cria le lord,
« Un Sanglier ! mais quel esclandre.

Choisi pour juger leur accord. »
« Oh ! » dit un rusé Cénobite,
Passant à côté du seigneur;
« Le Sanglier sans nul mérite,
Donne le change à votre erreur ;
Le sot fait sortir de la terre,
L'insecte que l'Oiseau envie,
Et l'amour propre lui suggère,
Que c'est pour lui la mélodie. »

La Mésange.

Thoms fils, d'une assez mince étoffe,
Du lycée quittant les bancs;
Revenait en vrai philosophe,
Rendre visite à ses parents ;
Qui très-flattés rendaient hommage,
A l'habit du jeune bacon,
A sa perruque à double étage,
Qui descendait jusqu'au menton.
Près de la cuisine où l'on mange,
Le vieux avec un grand plaisir
Entretenait une Mésange,
Prenant les mouches à ravir.
A peine Thoms vient de paraître
Qu'il dit: « Père ? souvenez-vous,
La loi l'ordonne, que tout être,
Soit au moins si libre que nous.
Pour ne point faire violence,
Au culte de la liberté,
Ne retardez la délivrance,
De l'objet ici renfermé. » —
« Mon fils, la croisée est ouverte,

Et pourtant il ne s'en va pas ;
D'ici peut-être il ne desserte,
Craignant des oiseaux les combats. »
Ainsi lui répondit le père. —
« Bon, bon ! vous raisonnez fort bien, »
Répliqua Thoms, « pourtant j'espère,
Qu'à la loi vous ne changez rien. » —
« Ta loi me paraît bien étrange, »
Répond le vieux très-affligé ;
« Eh bien ; pars ma pauvre Mésange,
Séparons-nous ; prends ton congé. »
Quittant à peine la chambrette,
Qu'elle est victime d'une Pie,
Qui chante d'une voix discrète,
Ah ! vive la philantropie !

Le Bâtiment.

Un Bâtiment prenant le large,
Avec trop forte cargaison ,
Allait sombrer avec sa charge,
Par l'imprudence du patron.
Quand assailli par la tempête,
L'on donna l'ordre aux matelots,
Que sur le champ chacun s'apprête,
Afin de lancer dans les flots,
La surcharge de marchandise,
Qui pourrait encombrer le bord ;
Chacun consentit qu'on avise,
Afin d'échapper à la mort.
« Mais alors que le patron commence ;
A sacrifier ses ballots, »
Dit un marchand sous l'influence,

Du cauchemar de ses lingots.
«Lancez ces grands tonneaux de sucre,»
Dit le Patron, « dans l'Océan,
Qu'il se contente de ce lucre. »
« Tout doucement, » répondit Jahn,
« Goddam ! voyez donc cette masse,
De linge fin et d'hydromel
Dont ce Juda nous embarrasse, » —
« Eh.! » répond l'enfant d'Iraël,
« Mon bien ne périra dans l'onde,
Que quand le tien sera noyé ;
Si pour tous le tonnerre gronde,
Aucun ne doit être épargné. »
Pendant qu'ainsi l'on se chipote,
La vague incline le vaisseau ;
On entend crier le pilote,
Qui s'aperçoit d'une voix d'eau.
Mais le danger ne les rend sage,
Rien ne calme le bruit qu'ils font ;
Le vaisseau craque et fait naufrage,
En tourbillonant coule à fond.
Pendant que durait la querelle,
Les matelots qui n'avaient rien,
Se sauvèrent dans la nacelle,
Sans l'embarras du linge fin ,
Ni de souci pour leur fortune,
Qui ne pouvait tomber dans l'eau :
N'est-ce pas dans la vie commune,
Des égoïstes le tableau ?

Les Noisettes.

J'aime les leçons de la fable,
Qu'un jeune enfant comprend déjà ;

Il voit la chose convenable,
Un hardi gamin enjamba,
Les degrés d'une vieille armoire,
Pour s'approcher d'un grand bocal,
Qui renfermait, oh ! jour de gloire,
Des noisettes, son grand régal.
Ce dessert l'anime et l'attire,
Sa main passe le col étroit ;
Il la remplit et la retire,
Alors du vase (on le conçoit) ;
Dans lequel entrait la main vide,
Ne pouvait sortir le poignet ;
Il pleure, il crie, il est avide,
Il reste accroché au buffet.
Sa mère accourt et voit la farce,
Elle rit et dit : « Cher Victor,
Tu vois le trop nous embarrasse ;
Prends peu pour avoir le trésor. »

Le Bassin.

Jadis dans une résidence,
Un philosophe en bonne humeur,
Était surpris par l'élégance,
Qui des mortels fait le bonheur.
D'après les ordres du monarque,
On lui fit voir le grand jardin,
Au milieu duquel il remarque,
En marbre blanc un beau Bassin,
Dans lequel une grande masse,
De vieux brochets, des vrais gloutons,
Au menu frai donnaient la chasse,
Sans épargner les gros poissons.

« Mais comment peut-on, » dit le sage,
« Garder ces loups? » — « Oh ce n'est rien, »
Répondit un grand personnage ;
« Ils seront gobés à la fin.
Que le brochet toujours dévore,
Et vole avec grande fureur ;
Nous qui dévorons mieux encore,
Nous avalerons le voleur. »

Le Comte et le Paladin.

Dans un château l'on vit paraître,
Un pauvre et goutteux Paladin ;
Qui venait pour prier le maître,
De l'assister à son déclin;
Il avait servi sous le Comte,
Et laissé chez les Sarrasins,
Un bras, un œil, et le mécompte,
De pouvoir garder ses sequins.
Le châtelain lui dit : « L'usage,
Pour introduire un suppliant,
Veut qu'entre nous l'on se partage,
Ce qu'il reçoit du résident. »
Le prince était très-magnanime,
Au nom de chevalier Lenor,
Ordonne au châtelain infime,
De lui présenter le major.
« Que veux-tu, mon bon camarade? »
Demanda-t-il au vieux guerrier. —
« Cinquante coups de bastonnade, »
Lui répondit l'ancien troupier. —
« Mon cher vous perdez la boussole;
J'aurais désiré votre bien. »

« Mais c'était pour tenir parole,
A votre méchant châtelain,
Qui me disait obligatoire,
Pour introduire un étranger,
De lui bailler moitié pour boire,
Ce que vous daignez m'accorder. »
« Très-bien, mon vieux, je t'abandonne
Cent cinquante écus, prends ce don,
Et qu'à mon châtelain l'on donne,
Cent cinquante coups de bâton. »

La Plaisanterie et le Sérieux.

Un prince en allant à la chasse,
(C'était un jour de carnaval.)
Se trouvait tout d'un coup en face,
D'un bandit au masque infernal,
Qui dit : « Donnez-moi votre bourse, »
En lui montrant le pistolet ;
Le prince arrêté dans sa course,
Ne lui refuse son sachet.
Partant d'un grand éclat de rire.
Le voleur lui rend le magot ;
Et jette son masque de ciro,
Lui montrait le Bouffon Crigot.
« Pardon, Seigneur, si je plaisante,
Le carnaval permet le cas. » —
« Et moi j'ordonne qu'on te pende,
Car moi je ne plaisante pas. »
Le Matador et sa séquelle,
Le condamnèrent tous à mort ;
Le Bouffon dit : je n'en appelle,
Car j'ai bien mérité mon sort.

Vous qui volez pour ne point rendre,
Si je vous avais imité,
Au lieu d'aller me faire pendre,
L'on m'aurait aussi décoré. »

Caron et l'Ombre.

Caron assis dans sa nacelle,
Fumait sa pipe de tabac ;
Quand une Ombre d'une tourelle,
Descendit dru sur son tillac.
« Eh ! dis-moi donc petit bonhomme,
Quel rôle jouais-tu plus haut,
Dans l'autre monde que l'on nomme,
Des grands mérites le Pivot ? »
« Regarde donc mon diadème,
Il te répondra bien pour moi, » —
« Ici n'existe point d'emblême,
Pour reconnaître ton aloi, »
Répliqua celui. Pour lors l'Ombre
Touche son front tout inquiet ;
Puis étonné, et d'un air sombre,
Il s'apprête à payer son fret.
Disant: « N'importe qu'Alexandre,
A la mort fournisse tribut ;
Si chez Pluton il doit descendre,
Il sera toujours ce qu'il fut. » —
« Ah ! c'est donc toi qui sur la terre,
Fit tant de bruit soir et matin ;
Qui dans sa course meurtrière,
Détruisait tout sur son chemin ?
Tu peux bien garder ton obole,
Je veux te passer sans dépens,

Car tu m'envoyais, ma parole,
Un très-grand nombre de clients. »

L'Émouleur.

Un Émouleur avec courage,
Travaillait pour gagner son pain ;
Mais chacun sait de l'émoulage,
Gagne-petit c'est le refrain.
Il va chercher dans le commerce,
Et trouve un marchand qui l'emploie ;
L'intelligence et son adresse,
Le guident dans la bonne voie.
A calculer et l'art d'écrire,
Il met à profit la leçon ;
En peu de temps il savait lire,
Et fut aimé de son patron.
De qui dans un très-court espace,
Il fut l'ami, puis l'héritier ;
Et par le sort qui le prélasse,
Le coq des marchands du quartier.
Mais ce qui est bien mieux encore,
Homme loyal, ami de cœur ;
Et des pauvres le météore,
Qui luit dans l'ombre du malheur.
Il fit par une main habile,
Se poser en gagne-petit ;
Et ce tableau quoi qu'en vieux style.
Était nouveau à son esprit.
Non marié, et sans famille,
Son neveu toujours souriait ;
Lorsque le vieux d'un œil qui brille,
Était charmé de son portrait.

On vit le sot près de sa tombe,
Qui ne pleurait aussi longtemps,
Que ceux quand un oncle succombe,
Sanglottaient en vraies bonnes gens.
Aussitôt il fit mettre en vente,
Les objets de la razzia ;
Quant au tableau il se contente,
De le céder à Doria.
Pour une somme très-minime,
Ce pauvre nouvel acquéreur,
Du mort jadis était intime,
Et son compagnon : Émouleur.
Il prend le portrait et l'emporte,
Mais il lui paraît bien pesant ;
Un ami vient, l'aide et l'escorte,
Pour empêcher tout accident.
Il fait un pas et tombe à terre,
Un choc est donné aux panneaux,
Le cadre ne résiste guère,
Et va se briser en morceaux.
Du creux desquels roule une masse
De billlets et des pièces d'or,
Que le neveu happe et ramasse,
Disant : « Hé ! pour moi ce trésor ;
Car chacun ici se rappelle,
Je n'ai vendu que le tableau. »
Doria fuyant la querelle,
N'insiste point sur le joyau,
Quand tout d'un coup l'on voit à terre,
Parmi les valeurs un écrit ;
Le neveu se met en colère.
Du défunt c'est un manuscrit.
Qui dans son style ainsi s'énonce :
« Mon héritier de ce portrait,

Fait peu de cas, je vous l'annonce,
Si donc un ami l'achetait,
Je penserais : bien ! il honore,
Son bienfaiteur : aussi je veux
Cet or caché, que l'on ignore,
Soit à cet homme vertueux. »
« Oh mon héros ! Oh ma ressource ! »
Dit Doria ; « viens cher tableau ;
A tes côtés, c'est par ta bourse,
Que j'acheterai mon tombeau.

Le Sauveur.

Chassé par un Milan un vieux Coq de bruyère,
Se sauve dans un trou, d'un Renard la tanière !
Le Renard aussitôt le prend par le gosier,
Et lui dit : « Ah fripon ! te voilà prisonnier. »
Pourtant voyez le sort ; un chasseur le délivre.
Il frappe le Renard, et puis s'en va poursuivre
Le Milan qui s'enfuit tombe atteint par son coup ;
Au Coq qui se sauvait il va.... tordre le cou.

Le Bœuf et l'Ane.

L'Ane et le Bœuf avaient dispute,
Chacun prétendait à l'esprit ;
De là toujours nouvelle lutte,
Et chaque jour nouveau conflit,

Pourtant l'on finit par s'entendre.
Que pour trancher la question ;
Chez le juge il fallait se rendre,
Et ce juge était le Lion.

Tout humilié chacun prône,
Devant la noble Majesté ;
Qui de la hauteur de son trône,
Les écoute par charité.

Enfin le grand sultan prononce :
« Allez ! ne soyez point jaloux ;
Vous méritez une semonce
Car tous les deux vous êtes fous. »

La Prudence.

Un tout jeune Brochet,
Se prit dans un filet :
Il usa du proverbe,
— Qui cherche trouve l'herbe. —
Le prisonnier fait tant,
A jouer de la dent,
Qu'il déchire sa chaîne,
« Ah ! » dit-il, « quelle peine,
D'avoir la liberté ;
Ce filet bien caché,
Me donne défiance,
Employons la prudence,
Et n'allons de nouveau,
Tomber dans le panneau.
J'aperçois une motte,
Qui va, qui vient, qui flotte,
C'est un morceau de pain,
Avalons-le, j'ai faim. »
Aussitôt il le happe,
Et celui qui s'échappe,
A peine de prison,
Est pris par l'hameçon.

5

Les deux Renards.

Pendant la nuit chez un fermier,
Deux Renards qui cherchant subside,
Aux habitants du poulailler,
Venaient gaiement rendre visite.
Par ces bandits tout fut détruit,
Le Coq ce héros des sultanes,
Gardien fidèle du réduit,
Fut déchiré par ces profanes.
On peut l'exprimer en deux mots,
Pour se procurer victuailles,
Tout ce qui portait plume au dos,
Fut massacré par ces canailles.
Les voleurs n'aiment le retard.
C'est pourquoi Raps le vieux corsaire.
Dit : « prenons chacun notre part,
Et retournons mon cher confrère ;
Viens ! partons ! écoute mon fils,
La voix de mon expérience,
Ne mangeons que les abattis.
Et cachons bien notre pitance
Gardons un reste pour demain.
Le temps est dur, la vie est chère,
Et quand plus tard nous aurons faim,
Nous saurons le trouver sous terre.
Le jeune Rips, un vrai fripon,
Répondit en partant de rire,
« Je mets à profit la leçon, »
Prend une poule et la déchire.
Se la fourrant dans le gosier,
Une autre fait pareil voyage ;

Et continuant ce métier,
Jusqu'à la fin de son pillage,
De table, Rips se lève enfin,
Mais il se sent déjà malade,
Et ne peut trouver son chemin,
Après pareille régalade :
Il cherche à rendre le repas.
Qui l'incommode et qui le gêne,
Mais il doit causer son trépas,
Car il n'a presque plus d'haleine.
Papa pour sauver son enfant,
Se met à frotter sa bédaine,
Mais elle crève au même instant,
Car elle était vraiment trop pleine.
Raps le rusé, goûte aux morceaux,
« Ah ! » dit-il, « excellente chère ;
Commençons par ronger les os,
Et cachons bien le tout sous terre. »
Il creuse un trou, puis le remplit,
Des restes fin de la maraude ;
Prend de la mousse et le couvrit,
Pour laisser ignorer la fraude.
Il part rejoindre son logis,
Et déjà sur ses doigts il compte ;
De pouvoir dire à ses amis,
A combien son boni se monte.
Ne pouvant reposer la nuit,
Il court rendre au trésor visite,
Mais le fermier en fut instruit,
Prévient le coup que Raps médite.
Raps arrivant à pas de loup,
Se trouve prit à l'improviste ;
Le fermier lui casse le cou,
Adieu monsieur l'économiste.

De vices, nul âge est exempt,
Le jeune homme aime la bamboche ;
Le vieillard cache son argent ;
Lequel des deux est sans reproche ?

Le Renard et l'Écureuil.

L'Attila des poulets fut atteint par la goutte,
Le Renard de ses dents voit arriver la chute ;
Le proverbe allemand dit : « Soyez bien certain,
Que le plus grand fripon devient fourbe à la fin. »
Le méchant se promit de faire pénitence,
En devenant frugal, vivre avec tempérance,
De jeûner, de prier du soir jusqu'au matin,
Au déclin de ses jours devenir pélerin.
Le pénitent dévôt commence son voyage,
Cheminant vers un bois où son pélerinage,
Le conduit désolé près les os d'un hibou,
De qui le grand vaurien avait tordu le cou.
De cette station, il part suivre la route,
A travers la forêt ; il regarde, il écoute ;
De loin il aperçoit un petit Écureuil.
Il se glisse, il s'approche une larme dans l'œil !
« Je te salue, enfant, » dit-il d'un ton intime,
« Permets qu'avec plaisir de près je te l'exprime ;
Des peines de la vie avec légèreté,
Tu vois avec dédain la contrariété.
Ton pas est si léger, ton pied est si flexible,
De sauter dans l'air comment est-il possible ?
Prends donc garde, mon fils, si tu fais un faux pas,
En tombant de si haut tu te romprais les bras.
Je te dirais pourtant que sur les bords du Gange,
Où pélerin je fus, j'observais, chose étrange !

Je vis un Écureuil, qui d'un arbre très-haut,
Fit, les yeux bien fermés sur un autre le saut.
Pour un fils confiant, ce reproche est sévère,
« Je ferai tout autant, si bien que mon confrère, »
Lui répond l'Ecureuil, « observe si je peux,
Sauter si bien que lui quand je ferme les yeux. »
Il accomplit un saut et tombe sur la face,
Vite maître Renard le prend par la tignasse ;
« Pardon, maître, pardon ! point de plaisanterie, »
Dit l'Écureuil, « voyez, de vous dépend ma vie. »
« Eh ! doucement, mon fils, » dit d'un air ironique,
Le pécheur converti, « si je suis cénobite,
Je ne plaisante point, et quoique bon chrétien,
Je ne te lâche pas, mon estomac a faim. »
« Cet avis consolant, » dit l'Écureuil candide,
« M'ouvre les yeux bien tard sur ce monstre perfide ;
Oh ! » dit-il, « Jupiter je me tais sur mon sort,
Si ton ressentiment m'a voué à la mort. »
Le vieux coquin tout prêt de happer bonne chère,
Aperçoit dans un creux un beau Coq de bruyère !
Il dit : « Attention ! jouons le converti,
Peut-être nous aurons un deuxième rôti. »
Dans le recueillement il tourne vers l'Olympe,
Son regard attendri, puis d'une ferveur sainte ,
Il va joindre les pattes encor rouges du sang,
D'une Loutre tuée aux confins d'un étang.
L'Écureuil vit le coup, il prend de l'assurance,
Se dresse et d'un bond sur un arbre s'élance ;
D'où voyant le bandit tout honteux et confus,
Qui avait bien le temps d'ouïr son Oremus.
« Misérable voleur, détestable convive,
Tu te louais des dieux quand j'allais en dérive ;
Mais à ta fourberie ils font un triste accueil,
En conservant la vie au petit Écureuil. »

Le Rossignol et le Sansonnet.

La pauvre veuve Philomèle,
Qui tant de fois passa la nuit ;
A chansonner sa pastourelle ;
Était mourante sur son lit.
En modulant sa chansonnette,
Qu'exprimaient ses derniers adieux,
Un Sansonnet de sa cachette,
Entend les sons mélodieux.
Il part suivant l'ancienne mode,
Pour la consoler sur son sort ;
Parlant après maint épisode,
Du chaud, du froid, et de la mort.
« Ah ! » cria-t-il, « cette cruelle.
Fait pâlir même les héros. » —
« Qui vécut bien, » répondit-elle,
« Peut aussi mourir en repos. »

L'Ours et le Lion.

Dans le bon temps du vieux Chronos,
Fleurissait heureux sur son trône ;
Le roi des animaux : Athòs,
Le meilleur que l'histoire prône.
La récompense et le pardon,
Fut le plaisir de ce grand Prince ;
Il n'avait que la passion,
De voir prospérer sa province.

Des animaux le grand Trajan,
Parcourant un jour son royaume,
Trouva des ours le vétéran,

Qui reposait couvert de chaume.
Grande lumière de son temps,
On loua beaucoup cet ermite;
Grand ennemi des compliments
Très peu poli mais fort rigide.

Le Seigneur dit au fier vieillard :
« L'on m'a parlé de ta sagesse ;
Vraiment je bénis le hasard,
De voir un Ours de ton espèce.
Viens avec moi dans mon château,
Vraiment tu gagneras au change ;
Tu seras chef de mon bureau,
Je veux te traiter comme un ange. »—

« Bien grand merci pour tes faveurs, »
Lui répondit le cénobite;
« Car les renards, ces grands pécheurs,
Dans ta demeure ont grand mérite.
Un palais rempli de fripons,
Ne saurait convenir au sage ;
Et qui tolère ces larrons,
De la vertu n'a pas l'usage. »

Le Hérisson.

Le Lion assis sur son trône,
Méditant esclavage et mort ;
Un Hérisson dit : « Fais l'aumône,
Que le petit attend du fort. »
« Atome, » lui dit le despote,
« Prends garde je vais t'avaler, »
« Tu pourrais me mettre en compote,
Mais tu ne peux me digérer. »

Le Ver-luisant.

Un petit Ver-luisant,
Ignorant sa lumière ;
Était assis content,
Aux bords d'une rivière.

Par un sale chemin,
Un vil crapaud s'avance ;
Et gonflé de venin.
Au diamant le lance.

Alors dit le fétu,
« Pourquoi cette querelle ? » —
« Eh oui ! je te harcelle.
Pourquoi donc brilles-tu ? »

Recette contre la guerre.

Une guerre à mort se déclare,
Entre les Lions et les Ours ;
Des deux côtés l'on fut barbare,
La discorde suivit son cours.
La victoire capricieuse,
Flotta de l'un dans l'autre rang ;
Et sans répit la mort affreuse,
Coucha les guerriers dans le sang ;
Le Lion demande aux Hyènes,
Aux Tigres même du secours !
Les Hurons des zônes lointaines,
Fournirent contingent aux Ours.
A la veille d'une bataille,

L'Ours Martin, le rusé lapon,
Dit : « Amis si l'on se chamaille,
En peut-on savoir la raison ? »
Un grenadier de la Pologne,
Lui répond : « Des Lions le Roi,
Disait au nôtre : Grand ivrogne,
Voilà la cause de l'émoi. » —
« Allez, c'est une bagatelle, »
Dit Martin, « ne soyez si sots
Que les hommes dans leur querelle,
Retournez donc dans vos cachots. »
Les voisins prompts dans leur sagesse,
Goûtèrent l'avis de Martin ;
Les guerriers de l'armée adverse,
Eurent avis le lendemain.
Le soldat jusqu'au capitaine,
Abandonnèrent leurs drapeaux ;
Les monarques tout hors d'haleine,
Virent la fin de leurs travaux.
Seuls que pouvaient-ils entreprendre ?
A moins de se tuer entr'eux.
Mais trop poltrons pour se défendre,
Ils décampèrent tous les deux.

Le Pêcheur, l'Anguille et le Serpent.

Un Pêcheur au marché d'une petite ville,
Portait dans un filet une assez grosse Anguille,
Lorsque dans un vallon d'un chemin anguleux,
Il toucha de son pied un Serpent vénimeux.
Le Pêcheur interdit, calculant la distance,
Du sentier trop étroit qui ne laissa de chance.
De pouvoir se sauver qu'en désespoir d'un saut,

Qu'il accomplit fort bien, et partit aussitôt.
L'Anguille est attentive et rien ne lui échappe,
Elle dit au pêcheur : « Oh barbare ! oh satrappe !
L'aspic dont le poison si souvent est mortel,
Peut jouir en repos, pour moi l'on est cruel ;
Ton filet me pourchasse, à la mort il me livre,
Je ne commets de mal pourquoi donc me poursuivre ? »
L'homme alors lui répond : « la mode nous astreint
De tuer la vertu, quant au vice : on le craint. »

FABLES DE GELLERT.

Le Serin.

Un Rossignol en compagnie,
D'un Serin au joli plumage ;
Fit entendre son harmonie,
Qui charmait tout le voisinage,
Le fils Damon entend ce chant,
Et demande alors à son père ;
« Lequel des deux a ce talent,
De charmer berger et bergère. »
« Voyons, mon fils, ne sois douteux,
Regarde bien, vois, examine,
Lequel est le chantre fameux. »
« Oh ! je le vois, je le devine ;
C'est le jaunet sur mon honneur,
Car l'autre avec son laid plumage,
Certain n'est pas le beau chanteur,
C'est un trop triste personnage. »

N'est-il de même de nos jours.
Tel que ce garçon l'on raisonne,
Qui porte un habit de velours,
A tout l'esprit de la Sorbonne.
Aussitôt qu'un faquin paraît,
Vite l'on juge sur sa mine,
Que c'est un sujet très-parfait,
A qui l'on doit tout son estime.

Un autre a beaucoup de savoir,
Mais il lui manque l'apparence,
Et l'on dit qu'il ne peut avoir.
Pour le talent l'intelligence.

L'Ours.

Un Ours étant contraint de danser à la chaîne,
« Pour un morceau de pain se donner tant de peine ; »
Dit-il, et s'échappa rejoindre le genêt,
Surprendre ses amis au coin de la forêt.
Qui l'embrassèrent tous avec autant d'adresse,
Que pas un coup de dent n'effleura leur tendresse ;
Et l'écho répétait la nouvelle du jour,
Que le grand voyageur revenait de Saint-Flour.
L'ami Martin pour lors conta ses aventures,
Les grands talents acquis par la voie des tortures,
Tout ce que l'on connaît dans le pays lointain,
Le salut magistral, la danse d'Arlequin.
Et racontant ainsi son amour pour la danse,
Il se lève tout droit et sans tarder commence,
En tournant son bâton, un très-beau menuet.
L'auditoire ébahi se trouve tout muet .
Les amis de Martin revenus de l'extase,
Qu'un sentiment jaloux au même instant embrase,
Se dressent tous de bout, mais étant sans talent,
Ils tombent pêle mêle et l'on voit à l'instant,
Contre ce cher ami s'ameuter la cohorte,
Qui grogne, hurle et dit, « qu'on le met à la porte,
Ce fou qui s'imagine être adroit plus que nous ;
Qu'il parte, et s'il revient il recevra des coups. »

Sois sot ! et tu seras bien sage,
A nul tu ne feras envie,
Chacun dira, c'est mon image,
Autant que lui j'ai du génie.
Il est vrai toujours l'on commence,
De parler bien de tes talents ;
Mais l'amour-propre est en balance,
Et ne pardonne pas longtemps.

L'Aveugle et le Perclus.

Un aveugle atteint par hasard ,
Un impotent dont le regard ;
Pourrait bien lui servir de guide,
Si l'autre à cela se décide.

« Je ne puis t'aider : mon refus
Vient de ce que je suis perclus ;
Ton dos pourtant est assez large,
Pour porter pas mal une charge.

Résouds-toi donc à me porter,
Alors je pourrais te guider ;
Tes jambes fourniront carrière,
Mon œil deviendra ta lumière. »

Sur les épaules l'impotent,
De l'aveugle arrive à l'instant ;
Réunis tout devient possible ;
Séparés tout paraît pénible.

Les autres n'ont pas ton talent,
Mais ils possèdent plus d'argent ;

Et de cette science diverse,
Nait un agréable commerce.

Si l'autre avait la faculté,
Dont la nature m'a doté ;
Il serait de lui le Mécène,
Et me laisserait dans la peine.

Va ! ne tourmente pas les cieux,
Si ses dons — n'en sois envieux, —
A tes amis tombent en partage,
Ils sont communs lorsqu'on est sage.

Le Chien.

Phylax qui pendant jour et nuit,
Sut garder maison et réduit ;
Et par ses cris des francs corsaires,
Arrêter les plans téméraires.
Phylax devant qui Lys-Tulban,
Ce grand voleur, ce chef forban ;
Recula deux fois d'épouvante,
Fut atteint d'une fièvre ardente.
Chaque voisin porta conseil,
Pour lui procurer du sommeil,
Un laxatif que l'on apprête,
Dut avaler la pauvre bête.
Le talent du boucher voisin,
Ex-docteur en pays lointain ;
Où comme on dit, il fit merveille,
Fut nul en matière pareille.
   A peine du mal informé,
Que les amis, la parenté ;

Tout surpris partaient au plus vite,
Pour à Phylax rendre visite.
Pantalon son meilleur ami ;
Qui de chagrin n'a point dormi ;
Le flaire et dit : « Cher camarade,
Oui ! je te trouve bien malade. »

« Ah ! » dit Phylax « cher similord,
Fidèle ami, quel est mon sort ?
A mes maux si la mort succède !
La cause en est bien au remède.
Et si je meurs incontinent,
Tu pourras crier hautement,
Que la médecine en ce cas,
Est la cause de mon trépas.

Ah ! que je mourrais en repos,
Si j'eus pu manger tous les os,
Ramassés avec tant de peine,
Et que j'ai caché dans la plaine ;
Cela me chagrine très-fort
D'avoir oublié ce trésor ;
De n'en avoir fait bonne chère,
Avant que l'on me porte en terre.
Sois assez bon pour les chercher,
Mais prends bien garde d'en manger ;
Tu les trouveras de la sorte,
L'un dans le jardin, à la porte ;
Un autre près du grand bassin,
Où je l'ai porté hier matin ;
Dans le fond d'un réduit agreste,
Va, pars, tu trouveras le reste. »
Similord part à fond de train,
Apporte les os du jardin.
Phylax sourit, lèche et frissonne,
Après son bien qui l'abandonne ;

Enfin, voyant venir la mort,
Il dit : « Ne touche à mon trésor ;
Attends que je sois dans la tombe,
Tu prendras tout si je succombe.
    Ah ! que je mourrais sans regrets,
Si ce charmant os de poulet ;
Quoi j'ai... mais non ; qu'on me permette
De n'indiquer cette cachette,
Si de mon mal je suis vainqueur :
Je te promets sur mon honneur,
Qu'à tes amis tu pourras dire,
Il fut, » — ici le chien expire.

L'avare est tel jusqu'au tombeau,
Deux regards sont pour le caveau,
Mille autres pour son bien fragile,
Enfoui par sa main débile.
Vivre de même et puis mourir,
Que ne fait-on pour s'enrichir ?
O vanité ! ô peine extrême,
Va ! ton bonheur est un blasphème.

Le Poulain.

Un Poulain ignorant la charge,
Qu'imprime un joli cavalier ;
Des coursiers admirait la marche,
Croyant la bride un beau collier.
Il court après chaque monture,
Sur laquelle un homme paraît,
Et du cheval rêve l'allure,
Dans son accoûtrement parfait.

Souvent le bonheur qu'il souhaite ;
De l'ambitieux n'est connu ;
Le harnais dont il se fit fête,
Enfin il l'a donc obtenu.
On le promène, on le caresse,
Pour le rendre docile au mors ;
Il marche, il saute avec souplesse,
De plaisir tressaille son corps.

Avec une charmante allure,
Il revient dans son écurie ;
Dire aux chevaux : «Je vous assure,
Me voilà content pour la vie. »
A son voisin il persuade,
Que chacun lui fit compliment,
Sur sa bride à la dragonnade,
Et son harnais si bien luisant.

Le lendemain, ah ! quelle alarme,
Il revient rempli de sueur ;
Disant : « Mais où donc est le charme,
Que me promettait le bonheur ?
La bride orne bien ma personne,
Mais son usage est au profit,
Du cavalier qui m'éperonne,
Et comme un diable me conduit. »

Le beau Songe.

A minuit par un très-beau songe,
Timon se sentit enchanté ;
Et ce qu'il vit dans ce mensonge,
Dépassait la réalité.

Il vit au milieu de sa hutte,
Monter un colossal trésor ;
Et dans son rêve il exécute,
Un palais resplendissant d'or.
Quand éveillé souvent sa belle,
Par son dédain le chagrinait ;
Il ne la trouve plus cruelle,
Dans le sommeil qui le flattait.
Il entend que Doris l'embrasse,
Et crie en rêvant le bonheur ;
« Ah Doris ! tu n'es plus de glace,
Timon est enfin ton vainqueur. »
Son cammarade entend qu'il rêve,
Et qu'un vain songe l'éconduit ;
Il le secoue et le soulève,
Et fait que le songe s'enfuit.
« Ami, » dit-il, mais tu sommeille,
Vois ! ce n'est qu'un songe imposteur ; »
« Mais, mon Dieu donc, qui me réveille ? »
Répond Timon avec aigreur.
« Tu fais que mon rêve s'envole,
Pourquoi me priver du plaisir ?
Si c'est l'erreur qui me console,
Ne m'empêche pas de dormir. »

Amis du vrai par votre zèle,
Vous hâtez trop votre secours ;
Qui dans nos affaires se mêle,
Souvent en arrête le cours.
Dites-nous qui vous autorise,
D'ôter l'erreur de notre cœur ?
N'importe qui nous électrise,
Quand il nous donne le bonheur.
Il combattra la terre entière,

Qui du monde combat l'erreur.
Le plaisir naît d'une chimère,
Qui souvent flatte notre cœur.
Que dit le guerrier de la guerre?
Il dit des arts c'est le premier;
Qu'il garde une idée si chère,
Pour le besoin de son métier.
Demandez ce que pense Adèle?
Son mari, dit-elle, est constant,
Vous savez qu'il est infidèle,
N'en dites rien, soyez prudent.
Que pense Adonis de Lisette?
Il pense c'est la chasteté:
Je sais qu'elle n'est point honnête.
Mais cachons-lui la vérité.
Que pense aussi le philosophe?
Chacun admire mon esprit;
Erreur; mais admirons sa strophe,
Pour le rendre plus érudit.
Examinez la vie entière,
Quel est le moteur des hauts faits?
Souvent un songe, une chimère,
Qui met le comble à nos souhaits.
N'importe qu'un songe nous trompe,
En remplaçant la vérité;
Si l'on chassait l'erreur du monde
Que deviendrait l'humanité?

Les deux Chiens.

Que toujours le plus grand mérite,
Ait pourtant peu d'admirateurs;
Qu'on préfère aux hommes d'élite,

Des misérables flagorneurs.
Comment conjurer cette peste,
Qui devrait peupler les enfers ?
Je doute que ce mal funeste,
Ne s'empare de l'univers.
Voici le frein pour cette rage,
Un remède pour cet abus ;
Le fou devrait devenir sage,
Mais non, il ne le devient plus.
Ignorant du beau la faconde,
Il prône toujours le petit ;
Pour savoir la valeur du monde,
Son œil conclut, pas son esprit.

Deux Chiens servaient une maîtresse,
Joli, — des deux s'appelait l'un ;
Il connaissait des tours d'adresse,
Et savait amuser chacun.
Il rapportait les moindres choses,
Faisait souvent beaucoup de bruit ;
Sans clefs ouvrait les portes closes,
Et dormait en repos la nuit.
Parfois il mordait sa maîtresse,
Aussi méchant était son cœur ;
Et l'on disait c'est la caresse,
Produit par son instinct flatteur.
Mal élevé et sans courage,
Il était vraiment impoli ;
Malgré ses cris et son tapage,
On l'appelait le bon Joli.
L'autre chien du nom de Fidèle,
Moins caressant et moins poltron ;
Était toujours rempli de zèle,
Et savait garder la maison.

Il était bon et plein d'audace,
N'aboyant sans nécessité ;
Il était le roi de sa race,
Il meurt. Vite il est oublié.
Joli meurt aussi, quelle alarme,
On lui prépare un beau cercueil ;
Pour le bon cœur pas une larme,
Pour la ruse on porte le deuil.

Le Destin.

O mortel ! pour chercher, renonce à ta routine,
Par quels décrets divins notre monde chemine ;
Et borne ton esprit qui prétend, mais en vain,
Deviner les secrets que Dieu seul tient en main.
Le moment actuel te tient dans l'ignorance,
Sur ce qui s'est passé. Tu crois avoir la science,
De connaître déjà les coups de l'avenir,
Mais inutilement tu'veux l'approfondir.
Dans ses commandements la Providence est juste,
Et si tu peux l'ignorer tu n'es pas un Procuste ;
Et voulais-tu savoir le fond de chaque arrêt,
Il faudrait que de Dieu tu eusses le secret.
Respecte les desseins, réfléchis bien, honore,
Ce que ton faible esprit ne comprend pas encore ;
Laisse-toi raconter ; ce qui paraît cruel,
Souvent n'est qu'un forfait que répare le ciel.

A côté du Seigneur assis sur la montagne,
Moïse un jour voyant l'admirable campagne :
Ne pouvait approuver la bonté du ressort,
Que Dieu dans ses conseils réserve à notre sort.
L'ordre lui fut donné d'observer la fontaine,

Vers laquelle un soldat arrivait hors d'haleine ;
Descendre de cheval pour se désaltérer,
Il étanche sa soif et part pour guerroyer.
Mais à peine parti qu'un garçon à la course,
Arrive en haletant boire à la même source ;
Et trouve un sac d'argent perdu par le soldat,
Il le ramasse et court cacher son péculat.
Vient alors un vieillard, appuyé sur sa canne ;
Pour faire usage aussi de cette eau diaphane ;
Morphée qui l'aperçoit prend pitié de son sort ;
Fatigué de la route il s'asseoit et s'endort.
Le cavalier revient tout rouge de colère,
Et tirant du fureau sa terrible rapière,
Il ordonne au vieillard de rendre son argent,
Qu'il avait déposé il n'y a qu'un instant.
De n'avoir rien trouvé le bon homme l'assure,
Il demande pardon ; le soldat crie et jure,
Furieux, emporté, il lui perce le flanc ;
Le malheureux vieillard est noyé dans son sang.

Moïse consterné tombe la face à terre,
Mais une voix lui dit : Réveille-toi, infère,
Si dans ce monde ingrat, ce qui paraît cruel,
N'est pas un châtiment qu'inflige l'Éternel.
Apprends que le vieillard qui maintenant rend l'âme,
Qui te semblait si bon, est le voleur infâme ;
L'exécrable assassin du père de l'enfant,
Qui frustré de son bien trouva le sac d'argent.

Le jeune Canard.

Une Poule un beau jour partant pour la campagne,
Sa famille avec joie aussitôt l'accompagne,
Mais parmi les poulets se trouvait par hasard,

Nouvellement éclos un tout petit Canard.
Le chemin les conduit pas loin d'une rivière,
Le Canard n'y tient plus. « Ah ! voilà mon affaire, »
Dit-il à sa maman, « je m'en vais prendre un bain. »
La Poule lui répond : « Méchant petit vaurien,
Mais tu vas te noyer, preuds donc garde, à ton âge
On est si délicat ; tu périras je gage,
Qui peut t'avoir appris sitôt l'art de nager ?
Mon enfant viens à moi, tu cours un grand danger. »
Pour sauver son petit l'on voit la pauvre Poule,
D'un ton bien enroué crier à l'eau qui coule :
« Grâce pour mon enfant, au bord fais-le venir,
Car l'instinct me défend d'aller le secourir. »
Mais le petit Canard se fie à son courage,
Et dans son élément ne craignant le naufrage,
Demande à sa maman en riant de bon cœur,
Quel était le motif qui causait sa terreur ?

Ce qui cause à Laurent une frayeur terrible,
Est souvent pour Martin un plaisir indicible ;
Le canon au dernier ne trouble le repos,
Le premier est saisi quand il voit un héros.
L'un affronte les flots d'une mer furieuse,
Et défend son drapeau d'une main courageuse ;
L'autre sur un bâteau retenu dans le port,
Voit un danger extrême et se croit déjà mort.
Ne crains rien pour celui dont le cœur plein d'audace,
Affronte le tropique et dédaigne la glace,
Celui que la nature a formé au danger,
Apprend par elle aussi qu'il faut le dédaigner.

Le Cheval et le Taon.

Un Cheval, le roi de sa race,
De belle allure et beau jarret;
Et qui d'un homme ayant la grâce,
Porta son maître à la forêt.
Quand poursuivant sa marche altière,
Un Taon qui par la soif poussé,
Vint et dit : Voilà mon affaire,
Sur la bride s'étant posé.
Il boit l'écume qui l'inonde,
Et du mors descend par flocons.
« Brigand ! » dit le Cheval qui gronde,
« Tu veux approcher mes bridons ?
N'oublie le respect, mignonne,
Tu ne crains d'aigrir un cheval ?
Je n'ai qu'à bouger, tu frissonne. »
Le Taon quitte alors le brutal;
Mais il médite une vengeance;
Il le poursuit, puis au naseau,
Va le piquer avec outrance.
Le Cheval lève le museau,
Prends mors aux dents, trébuche et tombe;
Celui qui, fier comme un héros,
Se croit à l'abri de la bombe,
Est à terre et se brise un os.

Du petit s'attirer la haine,
Cela fit choir plus d'un puissant;
Qui ne peut t'aider dans la peine,
Pour te nuire est bien assez grand.

La Mouche à miel et la Poule.

«Mouche à miel, » dit la Poule oiseuse,
« Je te le dis, mais c'est en vain !
En tout temps tu fus paresseuse,
Et du travail tu ne sais rien.
Le plaisir est ta seule excuse,
Sucer les fleurs : ah ! c'est charmant ;
Tirer le suc, cela t'amuse,
Tu fais bien, j'en ferais autant.
Pour qui se donner tant de peine,
Tu n'as besoin de ce tracas ;
Nous fournissons pour la semaine,
Des œufs d'une grosseur, hélas ! »
« Arrête-là ton persifflage, »
Dit la Mouche à miel ; « mon devoir
N'a besoin de ce caquetage,
Que nous débite ton savoir.
Tu me crois sans intelligence :
Dans la ruche est mon argument ;
Et l'on peut dire en conscience,
Qui de nous est le fainéant.
Quand sur les fleurs le vol nous guide,
Nous ne distillons pas de fiel ;
Et plus d'une langue perfide,
Se rafraîchit de notre miel.
Si nous travaillons en silence,
En ramassant des fleurs le jus,
Sans nous enrouer en cadence,
Dans notre nid d'un bruit confus.
Reçois l'avis que je te donne,
Nous haïssons tout faux semblant ;

Qui veut nous connaître en personne,
Voit nos travaux d'un œil prudent.
Munis d'un dard dont la nature,
Nous indiqua de corriger,
Les ignorants de ton allure ;
Il est donc temps de t'en aller. »

Oh ! railleurs remplis d'amour-propre,
Qui honnissez la poésie ;
Ce tableau est-il donc impropre,
Pour répondre à votre ironie ?
De la Poule acceptez la place ;
La fable alors se justifie ;
Et dans le portrait qu'elle en trace,
Fait ressortir votre ineptie.
La poésie à quoi sert-elle ? —
— Elle instruit, mais ne s'apprend pas,
Et dit aux faquins sans cervelle,
La vérité dans plus d'un cas. —

Le bon Conseil.

Un homme pour le mariage,
Ne voulant courir de hasard ;
Et sans soucis dans le ménage,
Allait consulter un vieillard.
« Ami la chose est difficile, »
Dit le vieillard : « le plus malin,
En choisissant femme docile,
Ne prend souvent qu'un vrai lutin.
Si c'est pour le plaisir unique,
Que vous cherchez à vous unir,
Trouvez la femme au beau physique,

Vous aurez pour votre loisir.
Et si vous aimez la fortune,
Oubliez qu'il existe un choix.
Prenez la noire, blonde ou brune,
Pourvu que l'argent ait son poids.
Mais si pourtant c'est pour votre âme,
Qu'il vous plaît de vous marier;
Choisissez un cœur qui s'enflamme
Aux beaux récits de Récamier. »
« Ce n'est répondre à mon attente, »
Reprend le jeune homme amoureux;
« Écoutez : ce que je demande,
Car à votre âge on le sait mieux ;
Quelle est la femme qu'il faut prendre,
Pour être heureux à tout égard? »
« Très-bien, je commence à comprendre :
N'en prenez pas, » dit le vieillard.

Le Peintre.

Un amateur habitant Rome,
D'un caractère très-prudent,
Peignit comme un vrai gentilhomme,
Pour l'honneur, non pour de l'argent.
Un jour avec charme il dévoile,
Aux yeux d'un ami des beaux arts,
Ce qu'il avait peint sur la toile,
Qui représentait le dieu Mars.
Le connaisseur dit sans mystère,
Que le tableau ne lui plaisait ;
Que son Mars pour un dieu de guerre,
Avait un air trop stupéfait.
Le Peintre tenace argumente,

Que son tableau est sans défauts !
Le connaisseur s'impatiente,
Sourit, et lui tourne le dos.
Alors un jeune homme s'avance,
Pour examiner le travail;
Dieu ! dit-il, quelle intelligence,
Quel joli pied et quel poitrail.
Mars est vivant ! voyez ce casque ,
Le soleil n'est pas plus brillant ;
L'armure est bien, même la basque,
Est le produit d'un grand talent. »
   Le Peintre alors touché de honte,
Au connaisseur, dit un peu tard :
« Je suis puni de mon mécompte,
Qu'augmente encore ce vantard.
A ce que vous dites j'adhère,
Du laid vous distinguez le beau;
J'efface donc mon dieu de guerre,
Que représente mon tableau. »

Si ton livre déplaît au sage,
Il est prudent de corriger !
Mais si le fou lui rend hommage,
Il est temps de le déchirer. »

Le Coursier.

Un Coursier se flattant d'une belle venue,
Se moquait d'un Cheval qui traînait la charrue;
« En toi, » dit-il, « je vois un être sot et lent,
En moi chacun admire un colossal talent. »
« Tais-toi, » dit le Cheval à son indigne frère,
Si mon zèle en ce jour ne cultivait la terre,

Demain qui fournirait de l'avoine aux ingrats,
Pour soutenir l'orgueil de leurs jolis ébats? »

Sachez, fiers paresseux, vous qui d'un ton sévère,
De mépris écrasez votre malheureux frère ;
Que l'orgueil avec lequel vous osez le toiser,
Votre rang par lequel vous voulez l'effacer,
Reposent fort souvent sur son intelligence,
Ses pénibles travaux et sa persévérance ;
Pourquoi donc ce mépris, pourquoi donc ce dédain,
Pour l'être malheureux qui vous fournit le pain ?
De votre beau maintien, la sublime élégance,
Sur lui ne vous accorde aucune préférence !
Car, si loin d'un palais, dans un réduit obscur,
Le Ciel d'un sort égal vous eût donné le jour,
Ses mœurs fort peu flatteurs seraient votre partage ;
Il aurait votre esprit ; mais encore plus sage
S'il avait partagé votre éducation :
L'on se passe de vous ; quant à lui... disons non.

LE PARTAGE DE LA TERRE

par SCHILLER.

Aux hommes Jupiter donnant en héritage
Le monde, leur disait: « Prenez; il est à vous ;
Mais je veux qu'en amis se fasse le partage,
Et qu'on se garde bien de faire des jaloux. »

Aussitôt chacun court pour arranger sa place,
Et sans perdre de temps, profiter du bienfait ;

Le laboureur saisit ce que le sillon trace ;
Le chasseur pour son lot s'adjuge la forêt.

Le marchand sans tarder va remplir sa boutique,
Le curé prend pour lui des vins le meilleur crû ;
Le roi par ses décrets met la dîme en pratique,
Et l'impôt lui fournit son plus beau revenu.

Le partage étant fait, le poëte s'approche,
Des pays éloignés pour réclamer sa part ;
Mais à qui pouvait-il adresser son reproche,
Si par sa négligence il arrivait trop tard.

« Moi seul, ah ! quel malheur, ton fils le plus fidèle,
Moi tout seul entre tous, je suis donc oublié ? »
Tout haut de ses clameurs son cri se renouvelle,
Aux pieds de Jupiter il est agenouillé.

« Si tu perdis le temps en rimant une chimère, »
Lui répondit le dieu, « j'en suis fâché ma foi ;
Tu t'éloignais alors qu'on partagea la terre. »
« Pardonne à mon esprit, il était près de toi.

Mon œil émerveillé contemplait ton visage,
Mon oreille écoutait de ton ciel les accords ;
Et mon âme éblouie en voyant ce mirage,
De la terre ici-bas ne prit part aux trésors. »

« Mais le partage est fait, que veux-tu que j'y fasse ?
Console-toi pourtant il me reste le ciel ;
Et si près de ton Dieu tu veux prendre ta place,
Tu seras bien reçu, » lui répond l'Éternel.

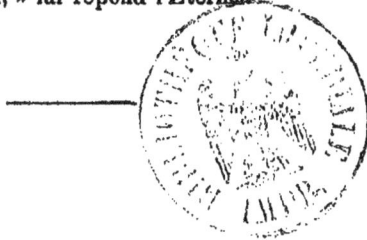

TABLE DES MATIÈRES.

FABLES DE GELLERT.

FIN